Entwurf eines Gesetzes

betreffend

Aenderungen der Konkursordnung

sowie

eines zugehörigen Einführungsgesetzes.

Reichstagsvorlage.

Berlin SW48.
Wilhelmstraße 119/120.
J. Guttentag, Verlagsbuchhandlung.
1898.

Entwurf eines Gesetzes,

betreffend

Aenderungen der Konkursordnung.

Wir Wilhelm, von Gottes Gnaden Deutscher Kaiser, König von Preußen ꝛc.

verordnen im Namen des Reichs, nach erfolgter Zustimmung des Bundesraths und des Reichstags, was folgt:

Artikel I.

Die Konkursordnung wird dahin geändert:

1. Im §. 1 wird
   a) der Abs. 2 aufgehoben,
   b) der Abs. 3 durch folgenden Zusatz ergänzt:
   Zur Konkursmasse gehören auch die Geschäftsbücher des Gemeinschuldners.
2. Als §. 1a werden folgende Vorschriften eingestellt:
   Wird bei dem Güterstande der allgemeinen Gütergemeinschaft, der Errungenschaftsgemeinschaft oder der Fahrnißgemeinschaft das Konkursverfahren über das Vermögen des Ehemanns eröffnet, so gehört das Gesammtgut zur Konkursmasse; eine Auseinandersetzung wegen des Gesammtguts zwischen den Ehegatten findet nicht statt.
   Durch das Konkursverfahren über das Vermögen der Ehefrau wird das Gesammtgut nicht berührt.
   Diese Vorschriften finden bei der fortgesetzten Gütergemeinschaft mit der Maßgabe Anwendung, daß an die Stelle des Ehemanns der überlebende Ehegatte, an die Stelle der Ehefrau die Abkömmlinge treten.
3. Der §. 2 erhält folgenden Abs. 2:
   Unterhaltsansprüche die nach den §§. 1351, 1360, 1361, 1578—1583, 1586, 1601—1615, 1708—1714 des

Bürgerlichen Gesetzbuchs gegen den Gemeinschuldner begründet sind, sowie die sich aus den §§. 1715, 1716 des Bürgerlichen Gesetzbuchs ergebenden Ansprüche können für die Zukunft nicht geltend gemacht werden; dies gilt auch für die im voraus zu bewirkenden Leistungen, welche zur Zeit der Eröffnung des Konkurses fällig waren.

4. An die Stelle des §. 4 Abs. 2 tritt folgende Vorschrift:

Unter Zustimmung des Bundesraths kann durch Anordnung des Reichskanzlers bestimmt werden, daß gegen einen ausländischen Staat, sowie dessen Angehörige und ihre Rechtsnachfolger ein Vergeltungsrecht zur Anwendung gebracht wird.

5. Der §. 6 Abs. 1 wird durch folgende Vorschrift ersetzt:

Rechtshandlungen, welche der Gemeinschuldner nach der Eröffnung des Verfahrens vorgenommen hat, sind den Konkursgläubigern gegenüber unwirksam; die Vorschriften der §§. 892, 893 des Bürgerlichen Gesetzbuchs bleiben unberührt.

6. Als §. 7a werden folgende Vorschriften eingestellt:

Die Annahme oder Ausschlagung einer vor der Eröffnung des Verfahrens dem Gemeinschuldner angefallenen Erbschaft sowie eines vor diesem Zeitpunkte dem Gemeinschuldner angefallenen Vermächtnisses steht nur dem Gemeinschuldner zu. Das Gleiche gilt von der Ablehnung der fortgesetzten Gütergemeinschaft.

7. Als §. 10a wird folgende Vorschrift eingestellt:

Ein gegen den Gemeinschuldner bestehendes Veräußerungsverbot der in den §§. 135, 136 des Bürgerlichen Gesetzbuchs bezeichneten Art ist den Konkursgläubigern gegenüber unwirksam; wirksam bleibt jedoch eine bei der Zwangsvollstreckung in das unbewegliche Vermögen erfolgte Beschlagnahme.

8. Der §. 11 erhält folgenden Zusatz:

Das Gleiche gilt in Ansehung eines zur Konkursmasse gehörigen Grundstücks oder im Schiffsregister eingetragenen Schiffes, sowie eines zur Konkursmasse gehörigen Rechts, mit dem ein Grundstück belastet ist, von der Eintragung einer Vormerkung auf Grund einer einstweiligen Verfügung.

9. An die Stelle des §. 12 treten folgende Vorschriften:

Rechte an den zur Konkursmasse gehörigen Gegenständen sowie Vorzugsrechte und Zurückbehaltungsrechte in Ansehung solcher Gegenstände können nach der Eröffnung des Verfahrens nicht mit Wirksamkeit gegenüber den Konkursgläubigern erworben werden, auch wenn der Erwerb nicht auf einer Rechtshandlung des Gemeinschuldners beruht. Die Vorschriften der §§. 878, 892, 893 und des §. 1260 Abs. 1 des Bürgerlichen Gesetzbuchs bleiben unberührt.

10. Der §. 13 wird aufgehoben.

11. Der §. 14 erhält folgenden Abs. 2:

Eine Vereinbarung, durch welche bei einer Gemeinschaft, nach Bruchtheilen das Recht, die Aufhebung der Gemeinschaft zu verlangen, für immer oder auf Zeit ausgeschlossen oder eine Kündigungsfrist bestimmt worden ist, wirkt nicht gegen die Konkursmasse. Das Gleiche gilt von einer Anordnung dieses Inhalts, die ein Erblasser für die Gemeinschaft seiner Erben getroffen hat.

12. An die Stelle der §§. 17, 18 treten folgende Vorschriften:

§. 17.

War dem Gemeinschuldner ein von ihm gemietheter oder gepachteter Gegenstand vor der Eröffnung des Verfahrens überlassen, so kann sowohl der andere Theil als der Verwalter das Mieth- oder Pachtverhältniß kündigen. Die Kündigungsfrist ist, falls nicht eine kürzere Frist bedungen war, die gesetzliche. Kündigt der Verwalter, so ist der andere Theil berechtigt, Ersatz des ihm durch die Aufhebung des Vertrags entstehenden Schadens zu verlangen.

§. 18.

War dem Gemeinschuldner ein von ihm gemietheter oder gepachteter Gegenstand zur Zeit der Eröffnung des Verfahrens noch nicht überlassen, so kann der andere Theil von dem Vertrage zurücktreten.

Auf Erfordern des Verwalters muß der andere Theil demselben ohne Verzug erklären, ob er von dem Vertrage zurücktreten will. Unterläßt er dies, so kommen die Bestimmungen des §. 15 zur Anwendung.

§. 18a.

Hatte der Gemeinschuldner einen von ihm vermietheten oder verpachteten Gegenstand dem Miether oder dem Pächter vor der Eröffnung des Verfahrens überlassen, so ist der Mieth- oder Pachtvertrag auch der Konkursmasse gegenüber wirksam.

Im Falle der Vermiethung oder der Verpachtung eines Grundstücks, sowie im Falle der Vermiethung von Wohnräumen oder anderen Räumen ist jedoch eine Verfügung, die der Gemeinschuldner vor der Eröffnung des Verfahrens über den auf die spätere Zeit entfallenden Mieth- oder Pachtzins getroffen hat, insbesondere die Einziehung des Mieth- oder Pachtzinses, der Konkursmasse gegenüber nur insoweit wirksam, als sich die Verfügung auf den Mieth- oder Pachtzins für das zur Zeit der Eröffnung des Verfahrens laufende und das folgende Kalendervierteljahr bezieht. Soweit die Entrichtung des Mieth- oder Pachtzinses der Konkursmasse gegenüber wirksam ist, kann der Miether oder der Pächter gegen die Mieth- oder Pachtzinsforderung der Konkursmasse eine ihm gegen den Gemeinschuldner zustehende Forderung aufrechnen.

Eine von dem Konkursverwalter vorgenommene freiwillige Veräußerung des von dem Gemeinschuldner vermietheten oder verpachteten Grundstücks wirkt, sofern das Grundstück dem Miether oder dem Pächter vor der Eröffnung des Verfahrens überlassen war, auf das Mieth- oder Pachtverhältniß wie eine Zwangsversteigerung.

13. Der §. 19 wird durch folgende Vorschriften ersetzt:

Ein in dem Haushalte, Wirthschaftsbetriebe oder Erwerbsgeschäfte des Gemeinschuldners angetretenes Dienstverhältniß kann von jedem Theile gekündigt werden. Die Kündigungsfrist ist, falls nicht eine kürzere Frist bedungen war, die gesetzliche.

Kündigt der Verwalter, so ist der andere Theil berechtigt, Ersatz des ihm durch die Aufhebung des Dienstverhältnisses entstehenden Schadens zu verlangen.

14. Hinter §. 19 werden folgende Vorschriften eingestellt:

§. 19a.

Ein von dem Gemeinschuldner ertheilter Auftrag erlischt durch die Eröffnung des Verfahrens, es sei denn, daß der Auftrag sich nicht auf das zur Konkursmasse gehörige Vermögen bezieht. Erlischt der Auftrag, so finden die Vorschriften des §. 672 Satz 2 und des

§. 674 des Bürgerlichen Gesetzbuchs entsprechende Anwendung.

Das Gleiche gilt, wenn sich Jemand durch einen Dienstvertrag oder einen Werkvertrag verpflichtet hat, ein ihm von dem Gemeinschuldner übertragenes Geschäft für diesen zu besorgen.

§. 19b.

Ist zur Sicherung eines Anspruchs auf Einräumung oder Aufhebung eines Rechts an einem Grundstücke des Gemeinschuldners oder an einem für den Gemeinschuldner eingetragenen Rechte oder zur Sicherung eines Anspruchs auf Aenderung des Inhalts oder des Ranges eines solchen Rechts eine Vormerkung im Grundbuch eingetragen, so kann der Gläubiger von dem Konkursverwalter die Befriedigung seines Anspruchs verlangen. Das Gleiche gilt, wenn in Ansehung eines Schiffspfandrechts eine Vormerkung im Schiffsregister eingetragen ist.

15. An die Stelle des §. 20 tritt folgende Vorschrift:

Soweit rücksichtlich einzelner, durch die §§. 16—19b nicht betroffener Rechtsverhältnisse das bürgerliche Recht besondere Bestimmungen über die Wirkung der Eröffnung des Konkursverfahrens enthält, kommen diese Bestimmungen zur Anwendung.

16. Hinter §. 21 werden folgende Vorschriften eingestellt:

§. 21a.

Erlischt ein von dem Gemeinschuldner ertheilter Auftrag oder ein Dienst- oder Werkvertrag der im §. 19a Abs. 2 bezeichneten Art in Folge der Eröffnung des Verfahrens, so ist der andere Theil in Ansehung der nach der Eröffnung des Verfahrens entstandenen Ersatzansprüche im Falle des §. 672 Satz 2 des Bürgerlichen Gesetzbuchs Massegläubiger, im Falle des §. 674 des Bürgerlichen Gesetzbuchs Konkursgläubiger.

§. 21b.

Wird eine nach §. 705 des Bürgerlichen Gesetzbuchs eingegangene Gesellschaft durch die Eröffnung des Konkursverfahrens über das Vermögen eines Gesellschafters aufgelöst, so ist der geschäftsführende Gesellschafter in Ansehung der Ansprüche, welche ihm aus der einstweiligen Fortführung der Geschäfte nach §. 728 Satz 2 des Bürgerlichen Gesetzbuchs zustehen, Massegläubiger, in Ansehung der ihm nach §. 729 des Bürgerlichen Gesetzbuchs zustehenden Ansprüche, unbeschadet der Bestimmung des §. 44, Konkursgläubiger.

17. Die Nr. 2 des §. 25 erhält folgende Fassung:
2. die in den letzten zwei Jahren vor der Eröffnung des Konkurses von dem Gemeinschuldner vorgenommenen unentgeltlichen Verfügungen zu Gunsten seines Ehegatten.

18. Im §. 33 wird
a) der Abs. 2 durch folgende Vorschriften ersetzt:
Gegen einen anderen Rechtsnachfolger desjenigen, welchem gegenüber die anfechtbare Handlung vorgenommen ist, findet die gegen den letzteren begründete Anfechtung statt:
1. wenn ihm zur Zeit seines Erwerbes die Umstände, welche die Anfechbarkeit des Erwerbes seines Rechtsvorgängers begründen, bekannt waren;
2. wenn er zu den im §. 24 Nr. 2 genannten Personen gehört, es sei denn, daß ihm zur Zeit seines Erwerbes die Umstände, welche die Anfechtbarkeit des Erwerbes seines Rechtsvorgängers begründen, unbekannt waren;
3. wenn ihm das Erlangte unentgeltlich zugewendet worden ist.
b) als Abs. 3 folgende Vorschrift hinzugefügt:
Im Falle des Abs. 2 Nr. 3 findet auf die Haftung des Rechtsnachfolgers die Bestimmung des §. 30 Abs. 2 Anwendung.

19. An die Stelle des §. 34 treten folgende Vorschriften:
Die Anfechtung kann nur binnen Jahresfrist seit der Eröffnung des Verfahrens erfolgen. Auf den Lauf der Frist finden die für die Verjährung geltenden Vorschriften des §. 203 Abs. 2 und des §. 207 des Bürgerlichen Gesetzbuchs entsprechende Anwendung. Die Anfechtung nach §. 24 Nr. 1 ist ausgeschlossen, wenn seit der Vornahme der Handlung dreißig Jahre verstrichen sind.
Ist durch die anfechtbare Handlung eine Verpflichtung des Gemeinschuldners zu einer Leistung begründet, so kann der Konkursverwalter die Leistung ver-

weigern, auch wenn die Anfechtung nach Abs. 1 ausgeschlossen ist.

20. Als §. 34a werden folgende Vorschriften eingestellt:

Die Vorschriften über die Anfechtung der vor der Eröffnung des Verfahrens vorgenommenen Rechtshandlungen gelten auch für die Anfechtung von Rechtshandlungen, die nach der Eröffnung des Verfahrens vorgenommen worden sind, sofern diese nach den §§. 892, 893 des Bürgerlichen Gesetzbuchs den Konkursgläubigern gegenüber wirksam sind. Die Frist für die Ausübung des Anfechtungsrechts beginnt mit der Vornahme der Rechtshandlung.

21. An die Stelle der §§. 39 bis 41 treten folgende Vorschriften:

§. 39.

Zur abgesonderten Befriedigung dienen die Gegenstände, welche der Zwangsvollstreckung in das unbewegliche Vermögen unterliegen, für diejenigen, welchen ein Recht auf Befriedigung aus denselben zusteht.

§. 40.

Gläubiger, welche an einer beweglichen Sache, an einer Forderung oder an einem anderen Vermögensrechte des Gemeinschuldners ein durch Rechtsgeschäft bestelltes Pfandrecht haben, können aus den ihnen verpfändeten Gegenständen abgesonderte Befriedigung wegen ihrer Pfandforderung verlangen, zunächst wegen der Kosten, dann wegen der Zinsen, zuletzt wegen des Kapitals.

§. 41.

Den im §. 40 bezeichneten Pfandgläubigern stehen gleich:

1. die Reichskasse, die Staatskassen und die Gemeinden, sowie die Amts-, Kreis- und Provinzialverbände wegen öffentlicher Abgaben, in Ansehung der zurückgehaltenen oder in Beschlag genommenen zoll- und steuerpflichtigen Sachen;
2. diejenigen, welche an gewissen Gegenständen ein gesetzliches oder ein durch Pfändung erlangtes Pfandrecht haben; das dem Vermiether und dem Verpächter nach den §§. 559, 581, 585 des Bürgerlichen Gesetzbuchs zustehende Pfandrecht kann in Ansehung

des Mieth- oder Pachtzinses für eine frühere Zeit als das letzte Jahr vor der Eröffnung des Verfahrens, sowie in Ansehung des dem Vermiether oder dem Verpächter in Folge der Kündigung des Verwalters entstehenden Entschädigungsanspruchs nicht geltend gemacht werden; das Pfandrecht des Verpächters eines landwirthschaftlichen Grundstücks unterliegt in Ansehung des Pachtzinses der Beschränkung nicht;

3. diejenigen, welche etwas zum Nutzen einer Sache verwendet haben, wegen des den noch vorhandenen Vortheil nicht übersteigenden Betrags ihrer Forderung aus der Verwendung, in Ansehung der zurückbehaltenen Sache;

4. diejenigen, welchen nach dem Handelsgesetzbuche in Ansehung gewisser Gegenstände ein Zurückbehaltungsrecht zusteht.

Die im Abs. 1 Nr. 1 bezeichneten Rechte gehen den im Abs. 1 Nr. 2—4 und den im §. 40 bezeichneten Rechten vor.

22. Der §. 43 wird aufgehoben.

23. Im §. 54 werden

a) in der Nr. 1 die Worte „zu dauerndem Dienste" ersetzt durch die Worte:
„zur Leistung von Diensten";

b) in der Nr. 5 die Worte „der Kinder und der Pflegebefohlenen" ersetzt durch die Worte:
„der Kinder, der Mündel und der Pflegebefohlenen".

24. Der §. 74 wird durch folgende Vorschrift ersetzt:

Der Verwalter ist für die Erfüllung der ihm obliegenden Pflichten allen Betheiligten verantwortlich.

25. Der §. 77 erhält folgenden Absatz 2:

Die Landesjustizverwaltung kann für die dem Verwalter zu gewährende Vergütung allgemeine Anordnungen treffen.

26. Der §. 81 wird durch folgende Vorschrift ersetzt:

Die Mitglieder des Gläubigerausschusses sind für die Erfüllung der ihnen obliegenden Pflichten allen Betheiligten verantwortlich.

27. An die Stelle des §. 83 treten folgende Vorschriften:

Die Mitglieder des Gläubigerausschusses haben Anspruch auf Erstattung angemessener baarer Auslagen und auf Vergütung für ihre Geschäftsführung. Die Festsetzung der Auslagen und der Vergütung erfolgt nach Anhörung der Gläubigerversammlung durch das Konkursgericht.

Die Landesjustizverwaltung kann für die den Mitgliedern des Gläubigerausschusses zu gewährende Vergütung allgemeine Anordnungen treffen.

28. Der §. 98 Abs. 1 wird durch folgende Vorschriften ersetzt:

Das Gericht kann die zwangsweise Vorführung und die Haft des Schuldners anordnen. Dasselbe kann alle zur Sicherung der Masse dienenden einstweiligen Anordnungen treffen. Es kann insbesondere ein allgemeines Veräußerungsverbot an den Schuldner erlassen; Rechte, welche nach der Anordnung dieser Maßregel im Wege der Zwangsvollstreckung oder des Arrestes erworben worden sind, sowie die nach der Anordnung im Wege der einstweiligen Verfügung erwirkte Eintragung einer Vormerkung sind den Konkursgläubigern gegenüber unwirksam.

29. Der §. 99 wird durch folgende Vorschriften ersetzt:

Die Abweisung des Eröffnungsantrags kann erfolgen, wenn nach dem Ermessen des Gerichts eine den Kosten des Verfahrens entsprechende Konkursmasse nicht vorhanden ist. Die Abweisung unterbleibt, wenn ein zur Deckung der im §. 51 Nr. 1, 2 bezeichneten Massekosten ausreichender Geldbetrag vorgeschossen wird.

Das Gericht hat ein Verzeichniß derjenigen Schuldner zu führen, bezüglich deren der Eröffnungsantrag auf Grund der Vorschrift des Abs. 1 Satz 1 abgewiesen worden ist. Die Einsicht des Verzeichnisses ist Jedem gestattet. Nach dem Ablaufe von fünf Jahren seit der Abweisung des Eröffnungsantrags ist die Eintragung in dem Verzeichnisse dadurch zu löschen, daß der Name unkenntlich gemacht wird.

30. An die Stelle des §. 102 Abs. 2 tritt folgende Vorschrift:

Das Gericht kann die Termine verbinden, wenn die Konkursmasse von geringerem Betrage oder der Kreis der Konkursgläubiger von geringerem Umfange ist oder wenn der Gemeindeschuldner einen Zwangsvergleichsvorschlag eingereicht hat.

31. Der §. 105 wird aufgehoben.

32. Der §. 106 wird durch folgende Vorschriften ersetzt:

Ein von dem Konkursgericht in Gemäßheit des §. 98 erlassenes allgemeines Veräußerungsverbot, sowie die Eröffnung des Konkursverfahrens ist in das Grundbuch einzutragen:

1. bei denjenigen Grundstücken, als deren Eigenthümer der Gemeinschuldner im Grundbuch eingetragen ist;
2. bei den für den Gemeinschuldner eingetragenen Rechten an Grundstücken oder an eingetragenen Rechten, wenn nach der Art des Rechtes und den obwaltenden Umständen bei Unterlassung der Eintragung eine Beeinträchtigung der Konkursgläubiger zu besorgen ist.

Das Konkursgericht hat, soweit ihm solche Grundstücke oder Rechte bekannt sind, das Grundbuchamt von Amtswegen um die Eintragung zu ersuchen.

Die Eintragung kann auch von dem Konkursverwalter bei dem Grundbuchamte beantragt werden.

33. Als §. 106a soll folgende Vorschrift eingestellt werden:

Werden Grundstücke oder Rechte, bei denen eine Eintragung nach Maßgabe des §. 106 Abs. 1, 2 bewirkt worden ist, von dem Verwalter freigegeben oder veräußert, so kann das Konkursgericht auf Antrag das Grundbuchamt um Löschung der Eintragung ersuchen.

34. Als § 106b werden folgende Vorschriften eingestellt:

Sobald eine den Eröffnungsbeschluß aufhebende Entscheidung die Rechtskraft erlangt hat, ist die Aufhebung des Verfahrens öffentlich bekannt zu machen. Die Vorschriften der §§. 103 Abs. 2, 104, 106 finden entsprechende Anwendung.

35. Der §. 107 erhält folgenden Abs. 2:

Die Geschäftsbücher des Gemeinschuldners dürfen nur mit dem Geschäft im Ganzen und nur insoweit veräußert werden, als sie zur Fortführung des Geschäftsbetriebs unentbehrlich sind.

36. An die Stelle des §. 117 Abs. 1 Satz 1 tritt folgende Vorschrift:

Der Verwalter ist berechtigt, die Verwerthung eines zur Masse gehörigen beweglichen Gegenstandes, an welchem ein Gläubiger ein durch Rechtsgeschäft bestelltes Pfandrecht oder ein diesem gleichstehendes Recht beansprucht, nach Maßgabe der Vorschriften über die Zwangsvollstreckung oder über den Pfandverkauf zu betreiben.

37. Als §. 117a wird folgende Vorschrift eingestellt:

Ist der Gemeinschuldner Vorerbe, so darf der Verwalter die zur Erbschaft gehörenden Gegenstände nicht veräußern, wenn die Veräußerung im Falle des Eintritts der Nacherbfolge nach §. 2115 des Bürgerlichen Gesetzbuchs dem Nacherben gegenüber unwirksam ist.

38. Als §. 118a werden folgende Vorschriften eingestellt:

Soll nach §. 118 das Geschäft des Gemeinschuldners geschlossen werden, so hat der Verwalter vor der Beschlußfassung des Gläubigerausschusses oder, wenn ein Gläubigerausschuß nicht bestellt ist, vor der Schließung des Geschäfts dem Gemeinschuldner, sofern derselbe ohne Aufschub zu erlangen ist, von der beabsichtigten Maßregel Mittheilung zu machen.

Das Gericht kann auf Antrag des Gemeinschuldners die Schließung des Geschäfts untersagen, wenn der Gemeinschuldner einen Zwangsvergleichsvorschlag eingereicht hat.

39. Im §. 122 werden

a) in der Nr. 1 hinter den Worten „das Geschäft“ die Worte eingeschaltet: „oder das Waarenlager“;

b) in der Nr. 2 die Worte „wenn Erbschaften oder Vermächtnisse für die Masse aufgegeben werden, oder“ gestrichen.

40. Im §. 126 Satz 1 werden die Worte „drei Wochen“ ersetzt durch die Worte: „zwei Wochen“.

41. An die Stelle des §. 142 Abs. 2 tritt folgende Vorschrift:

Bei der Schlußvertheilung ist die Berücksichtigung ausgeschlossen, wenn die Möglichkeit des Eintritts der Bedingung eine so entfernte ist, daß die bedingte Forderung einen gegenwärtigen Vermögenswerth nicht hat.

42. Der §. 144 wird durch folgende Vorschrift ersetzt:

Die Antheile, mit welchen Gläubiger bei Abschlagszahlungen nach Maßgabe des §. 141 Abs. 2 oder des

§. 142 Abs. 1 berücksichtigt worden sind, werden für die Schlußvertheilung frei, wenn bei dieser die Voraussetzungen des §. 141 Abs. 1 nicht erfüllt sind oder nach Maßgabe des §. 142 Abs. 2 die Berücksichtigung der bedingten Forderung ausgeschlossen ist.

43. Als §. 152a werden folgende Vorschriften eingestellt:

Hat der Schuldner den Prüfungstermin versäumt, so ist ihm auf Antrag die Wiedereinsetzung in den vorigen Stand zu ertheilen. Die Vorschriften des §. 210 Abs. 2 und der §§. 211—214 der Civilprozeßordnung finden entsprechende Anwendung. Der den Antrag auf Wiedereinsetzung enthaltende Schriftsatz ist dem Gläubiger zuzustellen, dessen Forderung nachträglich bestritten werden soll. Das Bestreiten in diesem Schriftsatze steht, wenn die Wiedereinsetzung ertheilt wird, dem Bestreiten im Prüfungstermine gleich und ist in die Tabelle einzutragen.

44. Der §. 158 wird durch folgende Vorschrift ersetzt:

Beträge, welche zur Sicherstellung eines bedingt zur Aufrechnung befugten Gläubigers nach Maßgabe des §. 47 Abs. 3 hinterlegt worden sind, fließen für die Schlußvertheilung zur Konkursmasse zurück, wenn die Möglichkeit des Eintritts der Bedingung eine so entfernte ist, daß die bedingte Forderung einen gegenwärtigen Vermögenswerth nicht hat.

45. An die Stelle des §. 166 treten folgende Vorschriften:

Der Vergleichstermin soll nicht über einen Monat hinaus anberaumt werden. Der Termin ist öffentlich bekannt zu machen. Zu demselben sind der Gemeinschuldner, der Verwalter, sowie unter Mittheilung des Vergleichsvorschlags und des Ergebnisses der Erklärung des Gläubigerausschusses die nicht bevorrechtigten Konkursgläubiger, welche Forderungen angemeldet haben, besonders zu laden.

In der Bekanntmachung ist zu bemerken, daß der Vergleichsvorschlag und die Erklärung des Gläubigerausschusses auf der Gerichtsschreiberei des Konkursgerichts zur Einsicht der Betheiligten niedergelegt seien.

46. Der §. 178 Satz 2 wird durch folgende Vorschrift ersetzt:

Die Rechte der Gläubiger gegen Mitschuldner und Bürgen des Gemeinschuldners, sowie die Rechte aus einem für die Forderung bestehenden Pfandrecht, aus einer für sie bestehenden Hypothek oder Grundschuld oder aus einer zu ihrer Sicherung eingetragenen Vormerkung werden durch den Zwangsvergleich nicht berührt.

47. Der §. 180 wird aufgehoben.

48. An die Stelle des §. 184 Abs. 1 tritt folgende Vorschrift:

Im Falle der rechtskräftigen Verurtheilung wird, wenn genügende Masse vorhanden ist oder ein zur Deckung der im §. 51 Nr. 1, 2 bezeichneten Massekosten ausreichender Geldbetrag vorgeschossen wird, das Konkursverfahren auf Antrag eines Konkursgläubigers wieder aufgenommen.

49. An die Stelle des §. 190 treten folgende Vorschriften:

Das Gericht kann das Konkursverfahren einstellen, sobald sich ergiebt, daß eine den Kosten des Verfahrens entsprechende Konkursmasse nicht vorhanden ist. Die Einstellung unterbleibt, wenn ein zur Deckung der im §. 51 Nr. 1, 2 bezeichneten Massekosten ausreichender Geldbetrag vorgeschossen wird.

Vor der Einstellung soll die Gläubigerversammlung gehört werden.

50. Der §. 198 Abs. 1 erhält folgenden Zusatz:

Ueber das Vermögen einer Commanditgesellschaft auf Aktien findet das Konkursverfahren auch im Falle der Ueberschuldung statt.

51. Der §. 199 Abs. 2 Satz 1 wird durch folgende Vorschrift ersetzt:

Wird der Antrag nicht von allen persönlich haftenden Gesellschaftern oder allen Liquidatoren gestellt, so ist derselbe zuzulassen, wenn bei der offenen Handelsgesellschaft oder der Kommanditgesellschaft die Zahlungsunfähigkeit, bei der Kommanditgesellschaft auf Aktien die Zahlungsunfähigkeit oder die Ueberschuldung glaubhaft gemacht wird.

52. Der §. 200 Abs. 2 wird durch folgende Vorschrift ersetzt:

Der Zwangsvergleich begrenzt, soweit er nicht ein Anderes festsetzt, zugleich den Umfang der persönlichen Haftung der Gesellschafter.

53. An die Stelle des §. 201 treten folgende Vorschriften:

In dem Konkursverfahren über das Privatvermögen eines persönlich haftenden Gesellschafters können die Gesellschaftsgläubiger, wenn das Konkursverfahren über das Gesellschaftsvermögen eröffnet ist, Befriedigung nur wegen desjenigen Betrags suchen, für welchen sie in dem letzteren Verfahren keine Befriedigung erhalten.

Bei den Vertheilungen sind die Antheile auf den vollen Betrag der Gesellschaftsforderungen zurückzubehalten, bis der Ausfall bei dem Gesellschaftsvermögen feststeht.

Im übrigen finden auf die bezeichneten Forderungen die Vorschriften der §§. 57, 88 entsprechende Anwendung.

54. Als §. 201a wird folgende Vorschrift eingestellt:

Auf das Konkursverfahren über das Vermögen einer juristischen Person, sowie eines Vereins, der als solcher verklagt werden kann, finden die Vorschriften der §§. 193, 194 entsprechende Anwendung.

55. An die Stelle der §§. 204—206 treten folgende Vorschriften:

§. 204.

Die Eröffnung des Verfahrens wird nicht dadurch gehindert, daß der Erbe die Erbschaft noch nicht angenommen hat, oder daß er für die Nachlaßverbindlichkeiten unbeschränkt haftet.

Bei dem Vorhandensein mehrerer Erben ist die Eröffnung des Verfahrens auch nach der Theilung des Nachlasses zulässig.

§. 205.

Zu dem Antrag auf Eröffnung des Verfahrens ist jeder Erbe, der Nachlaßverwalter, sowie ein anderer Nachlaßpfleger, ein Testamentsvollstrecker, dem die Verwaltung des Nachlasses zusteht, und jeder Nachlaßgläubiger berechtigt.

Wird der Antrag nicht von allen Erben gestellt, so ist er zuzulassen, wenn die Ueberschuldung glaubhaft gemacht wird. Das Gericht hat die übrigen Erben, soweit thunlich, zu hören.

Steht die Verwaltung des Nachlasses einem Testamentsvollstrecker zu, so ist, wenn der Erbe die Eröffnung des Verfahrens beantragt, der Testamentsvollstrecker, wenn der Testamentsvollstrecker den Antrag stellt, der Erbe zu hören.

§. 205a.

Ist eine Ehefrau die Erbin und gehört der Nachlaß zum eingebrachten Gute oder zum Gesammtgute, so kann sowohl die Ehefrau als der Ehemann die Eröffnung des Verfahrens beantragen, ohne daß die Zustimmung des anderen Theiles erforderlich ist. Das Gleiche gilt, wenn der Nachlaß zum Gesammtgute gehört, auch nach Beendigung der Gemeinschaft.

Wird der Antrag nicht von beiden Ehegatten gestellt, so ist er zuzulassen, wenn die Ueberschuldung glaubhaft gemacht wird. Das Gericht hat den anderen Ehegatten, wenn thunlich, zu hören.

§. 205b.

Ein Nachlaßgläubiger, der im Aufgebotsverfahren ausgeschlossen ist oder nach §. 1974 des Bürgerlichen Gesetzbuchs einem ausgeschlossenen Gläubiger gleichsteht, kann die Eröffnung des Verfahrens nur beantragen, wenn über das Vermögen des Erben das Konkursverfahren eröffnet ist. Das Gleiche gilt von einem Vermächtnißnehmer, sowie von demjenigen, welcher berechtigt ist, die Vollziehung einer Auflage zu fordern.

Ist eine Ehefrau die Erbin und gehört der Nachlaß zum Gesammtgute, so können die im Abs. 1 bezeichneten Gläubiger den Antrag nur stellen, wenn über das Vermögen des Ehemanns das Konkursverfahren eröffnet ist.

§. 205c.

Die Eröffnung des Verfahrens kann von einem Nachlaßgläubiger nicht mehr beantragt werden, wenn seit der Annahme der Erbschaft zwei Jahre verstrichen sind.

§. 205d.

Auf Grund einer nach dem Eintritte des Erbfalls gegen den Nachlaß erfolgten Maßregel der Zwangsvollstreckung oder der Arrestvollziehung kann abgesonderte Befriedigung nicht verlangt werden.

Eine nach dem Eintritte des Erbfalls im Wege der einstweiligen Verfügung erlangte Vormerkung ist unwirksam.

§. 205e.

Hat der Erbe vor der Eröffnung des Verfahrens aus dem Nachlasse Pflichttheilsansprüche, Vermächtnisse oder Auflagen erfüllt, so ist die Leistung in gleicher Weise anfechtbar wie eine unentgeltliche Verfügung des Erben.

§. 205f.

Dem Erben steht wegen der ihm nach den §§. 1978, 1979 des Bürgerlichen Gesetzbuchs aus dem Nachlasse zu ersetzenden Aufwendungen ein Zurückbehaltungsrecht nicht zu.

§. 205g.

Masseschulden sind außer den im §. 52 bezeichneten Verbindlichkeiten:

1. die dem Erben nach den §§. 1978, 1979 des Bürgerlichen Gesetzbuchs aus dem Nachlasse zu ersetzenden Aufwendungen;
2. die Kosten der standesmäßigen Beerdigung des Erblassers;
3. die im Falle der Todeserklärung des Erblassers dem Nachlasse zur Last fallenden Kosten des Verfahrens;
4. die Kosten der Eröffnung einer Verfügung des Erblassers von Todeswegen, der gerichtlichen Sicherung des Nachlasses, einer Nachlaßpflegschaft, des Aufgebots der Nachlaßgläubiger und der Inventarerrichtung;
5. die Verbindlichkeiten aus den von einem Nachlaßpfleger oder einem Testamentsvollstrecker vorgenommenen Rechtsgeschäften;
6. die Verbindlichkeiten, welche für den Erben gegenüber einem Nachlaßpfleger, einem Testamentsvollstrecker oder einem Erben, der die Erbschaft ausgeschlagen hat, aus der Geschäftsführung dieser Personen entstanden sind, soweit die Nachlaßgläubiger verpflichtet sein würden, wenn die bezeichneten Personen die Geschäfte für sie zu besorgen gehabt hätten.

§. 205h.

Der Erbe kann die ihm gegen den Erblasser zustehenden Ansprüche geltend machen.

Hat der Erbe eine Nachlaßverbindlichkeit berichtigt,

so tritt er, soweit nicht die Berichtigung nach §. 1979 des Bürgerlichen Gesetzbuchs als für Rechnung des Nachlasses erfolgt gilt, an die Stelle des Gläubigers, es sei denn, daß er für die Nachlaßverbindlichkeiten unbeschränkt haftet.

Haftet der Erbe einem einzelnen Gläubiger gegenüber unbeschränkt, so kann er dessen Forderung für den Fall geltend machen, daß der Gläubiger sie nicht geltend macht.

§. 205i.

In dem Verfahren kann jede Nachlaßverbindlichkeit geltend gemacht werden.

Nachstehende Verbindlichkeiten werden erst nach allen übrigen Verbindlichkeiten und in folgender Rangordnung, bei gleichem Range nach Verhältniß ihrer Beträge berichtigt:

1. die seit der Eröffnung des Verfahrens laufenden Zinsen der im §. 54 bezeichneten Forderungen;
2. die gegen den Erblasser erkannten Geldstrafen;
3. die Verbindlichkeiten aus einer Freigebigkeit des Erblassers unter Lebenden;
4. die Verbindlichkeiten gegenüber Pflichttheilsberechtigten;
5. die Verbindlichkeiten aus den vom Erblasser angeordneten Vermächtnissen und Auflagen.

Ein Vermächtniß, durch welches das Recht des Bedachten auf den Pflichttheil nach §. 2307 des Bürgerlichen Gesetzbuchs ausgeschlossen wird, steht, soweit es den Pflichttheil nicht übersteigt, im Range den Pflichttheilsrechten gleich. Hat der Erblasser durch Verfügung von Todeswegen angeordnet, daß ein Vermächtniß oder eine Auflage vor einem anderen Vermächtniß oder einer anderen Auflage erfüllt werden soll, so hat das Vermächtniß oder die Auflage den Vorrang.

Die Verbindlichkeiten, in Ansehung deren der Gläubiger im Wege des Aufgebotsverfahrens ausgeschlossen ist oder nach §. 1974 des Bürgerlichen Gesetzbuchs einem ausgeschlossenen Gläubiger gleichsteht, werden erst nach den im Abs. 2 Nr. 1—3 bezeichneten Verbindlichkeiten und, soweit sie zu den im Abs. 2 Nr. 4, 5 bezeichneten Verbindlichkeiten gehören, erst nach den Verbindlichkeiten berichtigt, mit denen sie ohne die Beschränkung gleichen Rang haben würden. Im Uebrigen wird durch die Beschränkungen an der Rangordnung nichts geändert.

§. 205k.

Mit den in §. 205i Abs. 2 Nr. 2—5, Abs. 4 bezeichneten Forderungen werden die bis zur Eröffnung des Verfahrens aufgelaufenen und die seit der Eröffnung laufenden Zinsen an derselben Stelle angesetzt.

§. 205l.

Was in Folge der Anfechtung einer von dem Erblasser oder ihm gegenüber vorgenommenen Rechtshandlung zur Konkursmasse zurückgewährt wird, darf nicht zur Berichtigung der im §. 205i Abs. 2 Nr. 4, 5 bezeichneten Verbindlichkeiten verwendet werden.

Auf dasjenige, was der Erbe auf Grund der Vorschriften der §§. 1978—1980 des Bürgerlichen Gesetzbuchs zu der Masse zu ersetzen hat, haben die Gläubiger die im Wege des Aufgebotsverfahrens ausgeschlossen sind oder nach §. 1974 des Bürgerlichen Gesetzbuchs einem ausgeschlossenen Gläubiger gleichstehen, nur insoweit Anspruch, als der Erbe auch nach den Vorschriften über die Herausgabe einer ungerechtfertigten Bereicherung ersatzpflichtig sein würde.

§. 205m.

Die in dem Aufgebotsverfahren zum Zwecke der Ausschließung von Nachlaßgläubigern angemeldeten und nicht ausgeschlossenen Forderungen gelten als auch im Nachlaßkonkurs angemeldet, sofern das Aufgebot von dem Gerichte, bei welchem der Konkurs anhängig wird, erlassen und das Verfahren nicht vor der Eröffnung des Konkursverfahrens ohne Erlassung des Ausschlußurtheils erledigt ist.

§. 206.

Ein Zwangsvergleich kann nur auf den Vorschlag aller Erben geschlossen werden.

Die Gläubiger, welchen die im §. 205i Abs. 2 Nr. 2—5, Abs. 4 bezeichneten Forderungen zustehen, nehmen an dem Zwangsvergleiche nicht Theil, sie sind jedoch vor der Bestätigung zu hören. Macht einer von ihnen glaubhaft, daß der Zwangsvergleich sein berechtigtes Interesse verletzt, so ist auf seinen Antrag der Zwangsvergleich zu verwerfen; gegen die Bestätigung steht ihm die sofortige Beschwerde nach §. 174 zu.

§. 206 a.

Die Vorschriften des §. 205 f, des §. 205 g Nr. 1 und des §. 205 h Abs. 2, 3 gelten für den Vorerben auch nach dem Eintritte der Nacherbfolge.

§. 206 b.

Hat der Erbe die Erbschaft verkauft, so tritt der Käufer in Ansehung des Verfahrens an seine Stelle.

Der Erbe ist wegen einer Nachlaßverbindlichkeit, die im Verhältnisse zwischen ihm und dem Käufer diesem zur Last fällt, in derselben Weise wie ein Nachlaßgläubiger zu dem Antrag auf Eröffnung des Verfahrens berechtigt. Das gleiche Recht steht ihm auch wegen einer anderen Nachlaßverbindlichkeit zu, es sei denn, daß er unbeschränkt haftet oder daß eine Nachlaßverwaltung angeordnet ist. Die Vorschriften des §. 205 f, des §. 205 g Nr. 1 und des §. 205 h gelten für den Erben auch nach dem Verkaufe der Erbschaft.

§. 206 c.

Die Vorschriften des §. 206 b finden entsprechende Anwendung, wenn Jemand eine durch Vertrag erworbene Erbschaft verkauft oder sich zur Veräußerung einer ihm angefallenen oder anderweit von ihm erworbenen Erbschaft in sonstiger Weise verpflichtet hat.

§. 206 d.

In dem Konkursverfahren über das Vermögen des Erben finden, wenn auch über den Nachlaß das Konkursverfahren eröffnet, oder wenn eine Nachlaßverwaltung angeordnet ist, auf Nachlaßgläubiger, denen gegenüber der Erbe unbeschränkt haftet, die Vorschriften der §§. 57, 88, 141, 143, 144, des §. 155 Nr. 3 und des §. 156 entsprechende Anwendung.

Das Gleiche gilt, wenn eine Ehefrau die Erbin ist und der Nachlaß zum Gesammtgute gehört, auch in dem Konkursverfahren über das Vermögen des Ehemanns.

§. 206e.

Ueber einen Erbtheil findet ein Konkursverfahren nicht statt.

§. 206f.

Die Vorschriften der §§. 202—206d finden im Falle der fortgesetzten Gütergemeinschaft auf das Konkursverfahren über das Gesammtgut entsprechende Anwendung. Konkursgläubiger sind nur die Gesammtgutsgläubiger, deren Forderungen schon zur Zeit des Eintritts der fortgesetzten Gütergemeinschaft bestanden. Zu dem Antrag auf Eröffnung des Verfahrens ist ein Gläubiger nicht berechtigt, dem gegenüber der überlebende Ehegatte zu dieser Zeit persönlich haftete. Die antheilsberechtigten Abkömmlinge sind zu dem Antrage nicht berechtigt; das Gericht hat sie soweit thunlich zu hören.

56. Der §. 210 wird durch folgende Vorschriften ersetzt:

Schuldner, welche ihre Zahlungen eingestellt haben, oder über deren Vermögen das Konkursverfahren eröffnet worden ist, werden wegen einfachen Bankerutts mit Gefängniß bestraft, wenn sie

1. durch Aufwand, Spiel oder Wette oder durch Differenzhandel mit Waaren oder Börsenpapieren übermäßige Summen verbraucht haben oder schuldig geworden sind;
2. in der Absicht, die Eröffnung des Konkursverfahrens hinauszuschieben, Waaren oder Werthpapiere auf Kredit entnommen und diese Gegenstände erheblich unter dem Werthe in einer den Anforderungen einer ordnungsmäßigen Wirthschaft widersprechenden Weise veräußert oder sonst weggegeben haben;
3. Handelsbücher zu führen unterlassen haben, deren Führung ihnen gesetzlich oblag, oder dieselben verheimlicht, vernichtet oder so unordentlich geführt haben, daß sie keine Uebersicht ihres Vermögenszustandes gewähren, oder
4. es gegen die Bestimmungen des Handelsgesetzbuchs unterlassen haben, die Bilanz ihres Vermögens in der vorgeschriebenen Zeit zu ziehen.

Neben der Gefängnißstrafe kann auf Verlust der bürgerlichen Ehrenrechte erkannt werden.

Artikel II.

Der Reichskanzler wird ermächtigt, den Text der Konkursordnung, wie er sich aus den im Artikel I vorgesehenen Aenderungen ergiebt, unter fortlaufender Nummernfolge der Paragraphen und unter Weglassung der §§. 195—197 durch das Reichs-Gesetzblatt bekannt zu machen.

Soweit in Reichsgesetzen oder in Landesgesetzen auf Vorschriften der Konkursordnung verwiesen ist, treten die entsprechenden Vorschriften des durch den Reichskanzler bekannt gemachten Textes an ihre Stelle.

Urkundlich ꝛc.

Gegeben ꝛc.

Entwurf eines Einführungsgesetzes

zu dem

Gesetze, betreffend Aenderungen der Konkursordnung.

Wir Wilhelm, von Gottes Gnaden Deutscher Kaiser, König von Preußen ꝛc.

verordnen im Namen des Reichs, nach erfolgter Zustimmung des Bundesraths und des Reichstags, was folgt:

Artikel I.

Das Gesetz, betreffend Aenderungen der Konkursordnung, tritt gleichzeitig mit dem Bürgerlichen Gesetzbuch in Kraft.

Artikel II.

Das Gesetz, betreffend die Einführung der Konkursordnung, wird dahin geändert:

1. Die Bestimmung des §. 5 Nr. 2 wird aufgehoben.
2. Der §. 6 wird dahin geändert:

   Die Bestimmungen der §§. 193, 194, 214 der Konkursordnung finden auf registrirte Gesellschaften, welche auf Grund des bayerischen Gesetzes vom 29. April 1869, betreffend die privatrechtliche Stellung der Erwerbs- und Wirthschaftsgesellschaften, bestehen, entsprechende Anwendung.

   Die Gesellschaft wird in dem Konkursverfahren durch den Vorstand oder die Liquidatoren vertreten. Ein Zwangsvergleich findet nicht statt.
3. Der §. 7 erhält folgenden Abs. 2:

   Das Gleiche gilt in Ansehung der Mitglieder des vormaligen Hannoverschen Königshauses, des vormaligen Kurhessischen und des vormaligen Herzoglich Nassauischen Fürstenhauses.
4. Die §§. 14 bis 16 werden aufgehoben.

Artikel III.

Die Vorschriften des §. 41 Abs. 2 der Konkursordnung und des §. 17 Nr. 1, 2 des Gesetzes, betreffend die Einführung der Konkursordnung, finden auch außerhalb des Konkurses Anwendung.

Artikel IV.

Unberührt bleiben die landesgesetzlichen Vorschriften, welche die Zulässigkeit des Konkursverfahrens über das Vermögen der im §. 15 Nr. 3 des Einführungsgesetzes zur Civilprozeßordnung bezeichneten juristischen Personen beschränken oder ausschließen.

Artikel V.

Ein vor dem Inkrafttreten des Gesetzes, betreffend Aenderungen der Konkursordnung, eröffnetes Konkursverfahren ist nach den bisherigen Gesetzen zu erledigen.

Artikel VI.

In einem am Tage des Inkrafttretens des Gesetzes, betreffend Aenderungen der Konkursordnung, oder nach diesem Tage eröffneten Konkursverfahren bleiben, soweit für ein Rechtsverhältniß die Vorschriften des bisherigen bürgerlichen Rechtes maßgebend sind, für das Rechtsverhältniß auch die Vorschriften des bisherigen Konkursrechts maßgebend. Dies gilt insbesondere in Ansehung eines Nachlasses, wenn der Erblasser vor dem bezeichneten Zeitpunkte gestorben ist. Die Landesgesetzgebung kann jedoch auf ein Rechtsverhältniß, für welches nach den Uebergangsvorschriften des Einführungsgesetzes zum Bürgerlichen Gesetzbuche die Landesgesetze maßgebend sind, die Vorschriften des neuen Konkursrechts für anwendbar erklären.

Artikel VII.

Das Gesetz, betreffend die Anfechtung von Rechtshandlungen eines Schuldners außerhalb des Konkursverfahrens, vom 21. Juli 1879 (Reichs-Gesetzbl. S. 277) wird dahin geändert:

1. Im §. 3 Nr. 2, 3 werden die Worte „vor der Rechtshängigkeit des Anfechtungsanspruchs“ ersetzt durch die Worte: „vor der Anfechtung“.

Die Nr. 4 des §. 3 erhält folgende Fassung:

4. Die in den letzten zwei Jahren vor der Anfechtuug von dem Schuldner vorgenommenen unentgeltlichen Verfügungen zu Gunsten seines Ehegatten.

2. Als §. 3a wird folgende Vorschrift eingestellt:

Hat der Erbe aus dem Nachlasse Pflichttheilsansprüche, Vermächtnisse oder Auflagen erfüllt, so kann ein Nachlaßgläubiger, der im Konkursverfahren über den Nachlaß dem Empfänger der Leistung im Range vorgehen oder gleichstehen würde, die Leistung in gleicher Weise anfechten wie eine unentgeltliche Verfügung des Erben.

3. Im §. 4 werden die Worte „der Anfechtungsanspruch rechtshängig geworden ist" ersetzt durch die Worte:

„die Anfechtung erfolgt ist".

4. Der §. 11 wird dahin geändert:

Die gegen den Erblasser begründete Anfechtung findet gegen den Erben statt.

Gegen einen anderen Rechtsnachfolger desjenigen, welchem gegenüber die anfechtbare Handlung vorgenommen ist, findet die gegen den letzteren begründete Anfechtung statt:

1. wenn ihm zur Zeit seines Erwerbes die Umstände, welche die Anfechtbarkeit des Erwerbes seines Rechtsvorgängers begründen, bekannt waren;
2. wenn er zu den im §. 3 Nr. 2 genannten Personen gehört, es sei denn, daß ihm zur Zeit seines Erwerbes die Umstände, welche die Anfechtbarkeit des Erwerbes seines Rechtsvorgängers begründen, unbekannt waren;
3. wenn ihm das Erlangte unentgeltlich zugewendet worden ist.

Im Falle des Abs. 2 Nr. 3 findet auf die Haftung des Rechtsnachfolgers die Vorschrift des §. 7 Abs. 2 Anwendung.

Zur Erstreckung der Fristen in Gemäßheit des §. 4 genügt die Zustellung des Schriftsatzes an den Rechtsnachfolger, gegen welchen die Anfechtung erfolgen soll.

5. Der §. 12 wird dahin geändert:

Die Anfechtung einer nach §. 3 Nr. 1 anfechtbaren Handlung kann nur binnen zehn Jahren erfolgen. Auf den Lauf der Frist finden die für die Verjährung geltenden Vorschriften des §. 203 Abs. 2 und der §§. 206, 207 des Bürgerlichen Gesetzbuches entsprechende Anwendung.

Die Frist beginnt mit dem Zeitpunkt, in welchem der Gläubiger den vollstreckbaren Schuldtitel erlangt hatte und seine Forderung fällig war, wenn aber die Rechtshandlung nach diesem Zeitpunkte vorgenommen ist, mit der Vornahme der Handlung.

Die Anfechtung ist ausgeschlossen, wenn seit der Vornahme der Rechtshandlung dreißig Jahre verstrichen sind.

6. An die Stelle des §. 13 Abs. 4 Satz 2 tritt folgende Vorschrift:

War die Anfechtung nicht schon zur Zeit der Eröffnung des Konkursverfahrens erfolgt, so wird die im §. 3 Nr. 2—4 bestimmte Frist von diesem Zeitpunkte berechnet, sofern die Anfechtung bis zum Ablauf eines Jahres seit der Beendigung des Konkursverfahrens erfolgt.

Artikel VIII.

Die Vorschriften des Artikel VII finden auf die vor dem Inkrafttreten dieses Gesetzes vorgenommenen Rechtshandlungen keine Anwendung.

Urkundlich 2c.

Gegeben 2c.

Begründung

zu den

Entwürfen eines Gesetzes,

betreffend

Aenderungen der Konkursordnung

und

eines zugehörigen Einführungsgesetzes.

Reichstagsvorlage.

Berlin SW48.
Wilhelmstraße 119/120.
J. Guttentag, Verlagsbuchhandlung.
1898.

Im Art. 1 des Einführungsgesetzes zum Bürgerlichen Gesetzbuch ist bestimmt, daß das Gesetzbuch gleichzeitig mit einem Gesetze, betreffend Aenderungen des Gerichtsverfassungsgesetzes, der Civilprozeßordnung und der Konkursordnung in Kraft tritt. Die vorliegenden Entwürfe haben in erster Linie die Aufgabe, diese Bestimmung, soweit sie die Konkursordnung betrifft, zur Ausführung zu bringen. Während der letzten Jahre ist allerdings das Bedürfniß einer umfassenderen Revision der Konkursordnung vielfach geltend gemacht worden. In dieser Richtung bewegen sich theilweise auch die Anträge der Abgeordneten Dr. Rintelen und Genossen und die Vorschläge der Reichstagskommission, welcher diese Anträge überwiesen waren (Drucksachen des Reichstags 1893/94 Nr. 18, 278). Die auf Anregung des Reichskanzlers aus diesem Anlaß in den einzelnen Bundesstaaten vorgenommenen Erhebungen haben indessen ergeben, daß sich die Konkursordnung in ihren Grundlagen bewährt hat; sie haben nicht erkennen lassen, daß das geltende Konkursrecht so schwerwiegende Mißstände nach sich gezogen hätte, daß unter den gegenwärtigen Verhältnissen, welche auf einen raschen Abschluß der Gesetzesrevision hindrängen und eine erschöpfende Würdigung tiefgreifender Abänderungsvorschläge kaum gestatten, an eine erhebliche Umgestaltung des Gesetzes herangetreten werden müßte. Auch die wirthschaftlichen Zustände, durch welche jene weitgehenden Aenderungsvorschläge hauptsächlich hervorgerufen waren, haben sich neuerdings wesentlich günstiger gestaltet. Wie aus den in der Anlage enthaltenen statistischen Mittheilungen hervorgeht, ist die Zahl der eröffneten Konkurse seit dem Jahre 1892 nicht unerheblich zurückgegangen.

Unter diesen Umständen konnte sich der Entwurf eines Gesetzes, betreffend Aenderungen der Konkursordnung, darauf beschränken, neben den durch das neue bürgerliche Recht gebotenen Aenderungen eine verhältnißmäßig nicht erhebliche Zahl von Verbesserungen vorzuschlagen, welche im Hinblick auf die bisherigen Erfahrungen und unter Berücksichtigung der von der Reichstagskommission gegebenen Anregungen dringlich erschienen.

Ablehnend verhält sich der Entwurf zu einem neuerdings in den Kreisen des Handelsstandes lebhaft erörterten Vorschlage, welcher für Kaufleute ein gerichtliches Vergleichsverfahren außerhalb und zur Abwendung des Konkurses mit Zwangswirkung gegen die Minderheit in der Weise einführen will, daß während der Dauer des Verfahrens einerseits alle Zwangsvollstreckungen gegen den Schuldner gehemmt werden, andererseits aber diesem das Verfügungsrecht verbleibt und nur der Betrieb des Geschäfts unter die Leitung eines Verwalters gestellt wird. Die gleiche Frage ist schon bei der Vorbereitung der geltenden Konkursordnung eingehend geprüft worden. Die Gründe, aus welchen den damaligen Kundgebungen des Handelsstandes nicht entsprochen wurde, sind in den Motiven zur Konkursordnung (Drucksachen des Reichstags 1874 S. 1550 ff.) ausführlich dargelegt. Diese Gründe treffen auch gegenwärtig noch zu, namentlich die Erwägung, daß ein so gestaltetes Vergleichsverfahren die Gläubiger in hohem Maße zu gefährden geeignet ist. Zur Unterstützung des Vorschlags wird allerdings auf die Gesetzgebungen von England (Gesetze vom 25. August 1883 und vom 18. August 1890), Belgien (Gesetz vom 29. Juni 1887), Frankreich (Gesetze vom 4. März 1889 und 4. April 1890) und der Schweiz (Gesetz vom 10./11. April 1889) hingewiesen. Dabei ist jedoch übersehen, daß in den genannten Ländern das Vergleichsverfahren behufs Abwendung des Konkurses sich dem Wesen nach von dem Vergleichsverfahren im Konkurse, wie es durch die deutsche Konkursordnung geregelt ist, nicht unterscheidet, sofern insbesondere eine öffentliche Bekanntmachung der Einleitung des Verfahrens stattfindet und der Schuldner kraft Gesetzes in seiner Verfügungsbefugniß beschränkt wird. Wenn gleichwohl das französische Recht und die ihm sich anschließenden Gesetzgebungen neben dem Zwangsvergleich im Konkurse ein gerichtliches Vergleichsverfahren behufs Abwendung des Konkurses eingeführt haben, so findet dies seine Erklärung darin, daß dort, abweichend vom Standpunkte des deutschen Rechtes, die Konkurseröffnung als solche für den Schuldner mit schweren, den Konkurs überdauernden Nachtheilen in Bezug auf seine persönliche Rechtsstellung verbunden ist.

Im Einzelnen ist zur Begründung der Entwürfe Folgendes zu bemerken:

I. Entwurf eines Gesetzes, betreffend Aenderungen der Konkursordnung.

Artikel I.

§. 1.

Der §. 1 Abs. 2 der Konkursordnung bestimmt, daß der Nießbrauch, welcher dem Gemeinschuldner während der Dauer des Konkursverfahrens an dem Vermögen seiner Ehefrau oder seiner Kinder nach den Landesgesetzen zusteht, zur Konkursmasse gehört. Die Verweisung auf die Landesgesetze würde gegenüber dem Bürgerlichen Gesetzbuche jedenfalls zu beseitigen sein. Indessen läßt sich die Vorschrift auch sachlich nicht aufrechthalten.

Nach den §§. 754d, 754e des Entwurfs eines Gesetzes, betreffend Aenderungen der Civilprozeßordnung, sind die Rechte, welche dem Ehemanne kraft der ehelichen Nutznießung an dem Vermögen seiner Ehefrau und dem Vater oder der Mutter kraft der elterlichen Nutznießung an dem Vermögen der Kinder zustehen, der Pfändung nicht unterworfen. Da aber zufolge §. 1 Abs. 1 der Konkursordnung das Konkursverfahren nur das einer Zwangsvollstreckung unterliegende Vermögen des Gemeinschuldners umfaßt, das ihm zur Zeit der Eröffnung des Verfahrens gehört, so ergiebt sich ohne Weiteres, daß künftig weder jene Rechte als solche noch die auf Grund derselben von dem Gemeinschuldner nach der Konkurseröffnung erworbenen Früchte in die Masse fallen können. Dieses Ergebniß wird auch nicht durch die Vorschriften des Bürgerlichen Gesetzbuchs berührt, wonach die eheliche Nutznießung erst mit der Rechtskraft des Beschlusses endigt, durch welchen der Konkurs über das Vermögen des Mannes eröffnet wird (§. 1419) und die elterliche Nutznießung in Folge der Eröffnung des Konkurses über das Vermögen des Vaters oder der Mutter überhaupt nicht aufhört (§§. 1647, 1656). Was andererseits die vor der Konkurseröffnung von dem Gemeinschuldner erworbenen Früchte betrifft, so führt hier die Vorschrift des §. 1 Abs. 1 der Konkursordnung von selbst dahin, daß diese Früchte insoweit zur Konkursmasse gehören, als sie gemäß §. 754d Abs. 1 Satz 2, §. 754e Abs. 2 des Entwurfs eines Gesetzes, betreffend Aenderungen der Civilprozeßordnung, der Pfändung unterliegen.

Bei der Errungenschaftsgemeinschaft gehören die Nutzungen des von der Frau eingebrachten Gutes, welche nach den für den Güterstand der Verwaltung und Nutznießung geltenden Vorschriften dem Manne zufallen, zu dem Gesammtgute (§. 1525

Abs. 1 des Bürgerlichen Gesetzbuchs). Der Erwerb dieser Erträgnisse ist aber nicht etwa Ausfluß eines besonderen Nutznießungsrechts. Eben deshalb kann der Umstand, daß die Errungenschaftsgemeinschaft erst mit der Rechtskraft des Beschlusses endigt, durch welchen der Konkurs über das Vermögen des Mannes eröffnet wird (§. 1543 des Bürgerlichen Gesetzbuchs), und daß das Gesammtgut zur Konkursmasse gehört (§. 1a des Entwurfs), nicht die Folge haben, die einzelnen erst nach der Konkurseröffnung anfallenden Nutzungen des eingebrachten Gutes der Frau zur Konkursmasse zu ziehen. Vielmehr muß es in Ansehung dieser Nutzungen bei dem Grundsatze des §. 1 Abs. 1 der Konkursordnung verbleiben, daß das Konkursverfahren nur das Vermögen umfaßt, das dem Gemeinschuldner zur Zeit der Eröffnnng des Verfahrens gehört. Dagegen sind vermöge des gedachten Grundsatzes die vor der Konkurseröffnung dem Gesammtgute zugefallenen Früchte Bestandtheile der Masse und zwar in vollem Umfange, da der Entwurf eines Gesetzes, betreffend Aenderungen der Civilprozeßordnung, Beschränkungen nach dieser Richtung nicht vorgesehen hat.

Das Gleiche, wie bei der Errungenschaftsgemeinschaft, gilt für die Nutzungen des von der Frau eingebrachten Gutes auch bei der Fahrnißgemeinschaft, welch letztere übrigens durch die Eröffnung des Konkurses über das Vermögen des Mannes gar nicht beendigt wird (zu vergl. §. 1549, §. 1550 Abs. 2 des Bürgerlichen Gesetzbuchs).

Soweit nach Art. 200 des Einführungsgesetzes zum Bürgerlichen Gesetzbuche für den Güterzustand einer zur Zeit des Inkrafttretens des Gesetzbuchs bestehenden Ehe die bisherigen Gesetze maßgebend bleiben, bewendet es gemäß Art. 6 Satz 1 des Entwurfs eines Einführungsgesetzes in Ansehung des dem Ehemann an dem Vermögen seiner Ehefrau zustehenden Nießbrauchs auch für die Zukunft bei den Vorschriften des §. 1 Abs. 2 der Konkursordnung. Dagegen wird die elterliche Nutznießung an dem Vermögen der Kinder in ihrem Verhältnisse zur Konkursmasse künftig ausschließlich nach den neuen Vorschriften zu beurtheilen sein (Art. 1, 6 des Entwurfs eines Einführungsgesetzes in Verbindung mit Art. 203 des Einführungsgesetzes zum Bürgerlichen Gesetzbuche).

Der Entwurf eines Gesetzes, betreffend Aenderungen der Civilprozeßordnung, schließt einzelne gegenwärtig der Zwangsvollstreckung unterliegende Gegenstände von der Zwangsvollstreckung aus. In Folge des Grundsatzes des §. 1 Abs. 1 der

Konkursordnung erleidet dadurch zugleich der Umfang der Konkursmasse eine Einschränkung; namentlich werden künftig die Gegenstände, welche zum gewöhnlichen Hausrathe gehören und im Haushalte des Schuldners gebraucht werden, nicht zur Konkursmasse gehören, wenn ohne Weiteres ersichtlich ist, daß durch ihre Verwerthung nur ein Erlös erzielt werden würde, der zu ihrem Werthe außer allem Verhältnisse steht (zu vergl. §. 715a des Entwurfs eines Gesetzes, betreffend Aenderungen der Civilprozeßordnung). Besonderer Vorschriften bedarf es mit Rücksicht auf die neue Bestimmung des §. 715 Nr. 10 des genannten Entwurfs, wonach die in Gebrauch genommen Geschäftsbücher des Schuldners unpfändbar sind. Ein Ausschluß der Geschäftsbücher von der Konkursmasse ist nicht angängig. Denn abgesehen davon, daß die Bücher des Gemeinschuldners nach §. 112 Abs. 2 der Konkursordnung von dem Gerichtsschreiber zu schließen sind und während der Dauer des Verfahrens der Benutzung durch den Konkursverwalter unterliegen, kann dem Verwalter, wenn er das Geschäft des Gemeinschuldners im Ganzen verkauft (§. 122 Nr. 1), nicht die Berechtigung entzogen werden, die zur Fortführung des Geschäfts erforderlichen Bücher mitzuveräußern. Nur eine selbständige Verwerthung der Geschäftsbücher, etwa als Makulatur, wird auch im Konkurse des Schuldners nicht zuzulassen sein. Demgemäß bestimmt der Entwurf (§. 1 Abs. 3 Satz 2, §. 107 Abs. 2), daß die Geschäftsbücher des Gemeinschuldners zur Konkursmasse gehören, aber nur mit dem Geschäft im Ganzen und nur insoweit veräußert werden dürfen, als sie zur Fortführung des Geschäftsbetriebs unentbehrlich sind. Werden die Geschäftsbücher nicht veräußert, so sind sie nach der Aufhebung des Konkurses selbstverständlich dem Gemeinschuldner zurückzugeben.

§. 1a.

Nach den Vorschriften des Bürgerlichen Gesetzbuchs wird die allgemeine Gütergemeinschaft durch die Eröffnung des Konkurses über das Vermögen des Mannes nicht beendigt. Demgemäß findet im Falle eines solchen Konkurses eine Auseinandersetzung wegen des Gesammtguts zwischen den Ehegatten nicht statt und ist für die Anwendung der §§. 14, 44 der Konkursordnung kein Raum. Vielmehr gehört, wie der Entwurf im §. 1a Abs. 1 bestimmt, das Gesammtgut zur Konkursmasse des Mannes. Diese Regelung ergiebt sich aus der Stellung, welche der Mann in Gemäßheit des Bürgerlichen Gesetzbuchs

(§§. 1443 ff., 1456, §. 1459 Abs. 2) bei der Verwaltung des Gesammtguts nach außen hin einnimmt, sowie aus dem §. 670f des Entwurfs eines Gesetzes, betreffend Aenderungen der Civilprozeßordnung, wonach zur Zwangsvollstreckung in das Gesammtgut wegen jeder Verbindlichkeit des Mannes ein gegen ihn ergangenes Urtheil erforderlich, aber auch genügend ist. Durch die Eröffnung des Konkursverfahrens über das Vermögen der Frau wird das Gesammtgut, entsprechend der Rechtslage, in welcher sich die Frau ihm gegenüber nach dem Bürgerlichen Gesetzbuche befindet, in keiner Weise berührt (§. 1a Abs. 2). Der Antheil der Frau an dem Gesammtgut und an den einzelnen dazu gehörenden Gegenständen ist der Pfändung nicht unterworfen (§. 754c Abs. 1 Satz 1) und kann daher gemäß §. 1 Abs. 1 der Konkursordnung auch nicht zu ihrer Konkursmasse gezogen werden. Die gleichen Grundsätze müssen (§. 1a Abs. 3) Anwendung finden, wenn bei dem Güterstande der Errungenschaftsgemeinschaft oder der Fahrnißgemeinschaft über das Vermögen des Mannes oder über das Vermögen der Frau oder wenn bei der fortgesetzten Gütergemeinschaft über das Vermögen des überlebenden Ehegatten oder über das Vermögen eines antheilsberechtigten Abkömmlings das Konkursverfahren eröffnet wird (zu vergl. §§. 1487, 1488, §. 1519 Abs. 2, §§. 1530, 1549 des Bürgerlichen Gesetzbuchs; §. 670f, §. 670l, §. 754c Abs. 1 des Entwurfs eines Gesetzes, betreffend Aenderungen der Civilprozeßordnung). Zwar endigt nach §. 1543 des Bürgerlichen Gesetzbuchs die Errungenschaftsgemeinschaft mit der Rechtskraft des Beschlusses, durch welchen der Konkurs über das Vermögen des Mannes eröffnet wird. Allein dadurch wird den Konkursgläubigern das mit dem Eintritte der Konkurseröffnung bereits in die Konkursmasse gefallene Gesammtgut nicht wieder entzogen.

Anders gestaltet sich die Rechtslage, wenn nach der Beendigung der Gütergemeinschaft der Konkurs über das Vermögen eines der Ehegatten oder nach Beendigung der fortgesetzten Gütergemeinschaft der Konkurs über das Vermögen des überlebenden Ehegatten oder über das Vermögen eines antheilsberechtigten Abkömmlings eröffnet wird, bevor die Auseinandersetzung in Ansehung des Gesammtguts erfolgt ist. Mit der Beendigung der Gemeinschaft unterliegen die Antheile der Berechtigten der Pfändung (§. 754c Abs. 2 des Entwurfs eines Gesetzes, betreffend Aenderungen der Civilprozeßordnung) und der Antheil des Gemeinschuldners gehört daher gemäß §. 1

Abs. 1 der Konkursordnung zur Konkursmasse. Die Auseinandersetzung zwischen den Antheilsberechtigten (Bürgerliches Gesetzbuch §§. 1471 ff., 1497 ff., 1546, 1549) findet nach den §§. 14, 44 der Konkursordnung außerhalb des Konkursverfahrens statt.

§. 2.

Inwieweit die Unterhaltsansprüche, die einem Ehegatten, Verwandten oder unehelichen Kinde kraft Gesetzes gegen den Gemeinschuldner zustehen, als Konkursforderungen anzusehen sind und demgemäß den für solche Forderungen geltenden Beschränkungen, insbesondere den §§. 10, 11, 178 der Konkursordnung, unterliegen, ist von dem Standpunkte des geltenden Rechtes bestritten. Auch das Bürgerliche Gesetzbuch führt zu keiner unmittelbaren Beantwortung der Frage. Indessen ist davon auszugehen, daß, wenngleich das Verhältniß, vermöge dessen der Gemeinschuldner unterhaltspflichtig ist, schon vor der Konkurseröffnung begründet war, doch der Unterhaltsanspruch selbst mit dem jedesmaligen Eintreten des Bedürfnisses neu entsteht. Andererseits widerspricht es auch der Natur und dem Zwecke der Unterhaltspflicht, wenn der Berechtigte gehindert wird, während des Konkursverfahrens seinen Anspruch gegen den Gemeinschuldner insoweit geltend zu machen, als dieser, namentlich durch neuen Erwerb, zur Gewährung des Unterhalts im Stande ist. Im §. 2 Abs. 2 des Entwurfs ist deshalb vorgesehen, daß Unterhaltsansprüche der bezeichneten Art sowie die den Unterhaltsansprüchen gleichzuerachtenden Rechte, welche der Mutter eines unehelichen Kindes in Ansehung der Wochenbettskosten zustehen, im Konkursverfahren nicht für die Zukunft geltend gemacht werden können. Die Erwägungen, auf denen diese Regelung beruht, treffen übrigens auch insoweit zu, als der Anspruch auf solche im Voraus zu bewirkende Leistungen gerichtet ist, welche bereits zur Zeit der Eröffnung des Konkurses fällig waren (§. 1614 Abs. 2 des Bürgerlichen Gesetzbuchs). Der Entwurf giebt deshalb für den letzteren Fall ausdrücklich dieselbe Bestimmung und beugt damit einer abweichenden Auffassung vor, wie sie durch §. 1615 Abs. 1 des Bürgerlichen Gesetzbuchs nahegelegt wird.

Soweit dagegen der Anspruch schon vor der Konkurseröffnung entstanden ist und für die Vergangenheit geltend gemacht werden kann (§. 1360 Abs. 3, §. 1580 Abs. 3, §§. 1613, 1711 des Bürgerlichen Gesetzbuchs), ist seine Verfolgung im Konkurse nicht ausgeschlossen; er unterliegt dann als Konkursforderung auch den mit dem Konkursverfahren verbundenen Beschränkungen.

§. 4.

Die Fassung ist mit der des Art. 31 des Einführungsgesetzes zum Bürgerlichen Gesetzbuche, welcher das Vergeltungsrecht auf dem Gebiete des internationalen Privatrechts regelt, in Uebereinstimmung gebracht.

§. 6.

Der bisherige Abs. 1 des §. 6 bestimmt, daß Rechtshandlungen, welche der Gemeinschuldner nach der Eröffnung des Verfahrens vorgenommen hat, den Konkursgläubigern gegenüber nichtig sind. Der Entwurf hat zunächst im Anschluß an das Bürgerliche Gesetzbuch (§. 135) das Wort „nichtig" durch „unwirksam" ersetzt. Sodann entscheidet der Entwurf die zur Zeit bestrittene Frage, inwieweit hier für die Anwendung der Vorschriften des bürgerlichen Rechtes über den Schutz des gutgläubigen Erwerbes Raum ist. Er bestimmt, daß die Vorschriften der §§. 892, 893 des Bürgerlichen Gesetzbuchs unberührt bleiben, und legt hierdurch, in Uebereinstimmung mit §. 135 Abs. 2 des Bürgerlichen Gesetzbuchs, dem öffentlichen Glauben des Grundbuchs auch gegenüber der Verfügungsbeschränkung, welche der Gemeinschuldner nach §. 5 und §. 6 Abs. 1 der Konkursordnung zu Gunsten der Konkursgläubiger erleidet, Wirksamkeit bei. Eine Benachtheiligung der Konkursgläubiger ist hiervon nicht zu besorgen, da die schleunige Eintragung der Konkurseröffnung in das Grundbuch (§. 106 der Konkursordnung) ein ausreichendes Sicherungsmittel bietet. In Ansehung der beweglichen Sachen hat dagegen der Entwurf die Aufnahme einer dem §. 135 Abs. 2 des Bürgerlichen Gesetzbuchs entsprechenden Bestimmung abgelehnt. Die Anwendung der Vorschriften über den Schutz des gutgläubigen Erwerbs würde hier den Zweck der mit der Konkurseröffnung für den Gemeinschuldner verbundenen Verfügungsbeschränkung erheblich gefährden.

§. 7 a.

Die Konkursordnung hat mit Rücksicht auf die Verschiedenheiten des geltenden Erbrechts seinerzeit davon abgesehen, die Frage zu regeln, ob die Annahme oder die Ausschlagung einer vor der Konkurseröffnung dem Gemeinschuldner angefallenen

Erbschaft sowie eines vor diesem Zeitpunkte dem Gemeinschuldner angefallenen Vermächtnisses dem Gemeinschuldner oder dem Konkursverwalter zusteht. Für das gemeine Recht, dem das Sächsische Gesetzbuch gefolgt ist, wird vorwiegend die Ansicht vertreten, daß über die Antretung oder Ausschlagung der Erbschaft der Gemeinschuldner, über die Annahme oder Ausschlagung des Vermächtnisses der Verwalter zu entscheiden habe. Dagegen wird in den Rechtsgebieten, wo sich nicht nur der Erwerb eines Vermächtnisses, sondern auch der Erwerb der Erbschaft kraft Gesetzes vollzieht, insbesondere in den Gebieten des preußischen allgemeinen Landrechts und des französischen Rechtes meist angenommen, daß die Erbschaft wie das Vermächtniß nur von dem Verwalter ausgeschlagen werden kann.

Gemäß §§. 1922, 1942, 2176 des Bürgerlichen Gesetzbuchs werden die Erbschaft und das Vermächtniß kraft Gesetzes erworben, unbeschadet des Rechtes, die Erbschaft oder das Vermächtniß auszuschlagen. Sie gehören daher, sofern der Anfall an den Gemeinschuldner vor der Konkurseröffnung erfolgt ist, nach dem Wortlaute des §. 1 Abs. 1 der Konkursordnung an sich auch dann zur Konkursmasse, wenn das Recht der Ausschlagung noch besteht. Der Entwurf (§. 7a Satz 1) bestimmt aber, daß die Annahme oder Ausschlagung der Erbschaft sowie des Vermächtnisses nur dem Gemeinschuldner zustehen soll. Wenn nach §. 1953 Abs. 1, §. 2180 Abs. 3 des Bürgerlichen Gesetzbuchs die Ausschlagung die Wirkung hat, daß der Anfall an den Ausschlagenden als nicht erfolgt gilt, so stellt sie sich der Sache nach nicht als Verzicht auf ein bereits erworbenes Recht, sondern als Nichtannahme eines angetragenen Rechtes dar. Dies entspricht auch dem Wesen des Erwerbs von Todeswegen, der nicht nur einen vermögensrechtlichen, sondern zugleich einen persönlichen Karakter hat. Die gleiche Auffassung liegt schon einer Reihe einzelner Vorschriften des Bürgerlichen Gesetzbuchs (§. 517, §. 1406 Nr. 1, §. 1453 Abs. 1 Satz 1) zu Grunde, ebenso dem §. 692b Abs. 2 des Entwurfs eines Gesetzes, betreffend Aenderungen der Civilprozeßordnung, wonach wegen eigner Verbindlichkeiten des Erben eine Zwangsvollstreckung in den Nachlaß vor der Annahme der Erbschaft nicht zulässig ist.

Der §. 7a Satz 2 regelt einen verwandten Fall. Nach dem Bürgerlichen Gesetzbuche (§. 1483) wird bei dem Güterstande der allgemeinen Gütergemeinschaft, wenn die Ehe durch den Tod eines der Ehegatten aufgelöst worden ist, zwischen dem überlebenden Ehegatten und den gemeinschaftlichen Abkömmlingen, die im Falle der gesetzlichen Erbfolge als Erben berufen sind, die Gütergemeinschaft fortgesetzt. Der überlebende Ehegatte kann aber die Fortsetzung der Gütergemeinschaft ablehnen. Geschieht dies, so gilt der Eintritt der fortgesetzten Gütergemeinschaft als nicht erfolgt und es findet demgemäß in Ansehung des Gesammtguts die Auseinandersetzung zwischen dem überlebenden Ehegatten und den Erben des verstorbenen Ehegatten statt (§§. 1471 ff., 1482, 1484, 1943 des Bürgerlichen Gesetzbuchs). Wird nach dem Tode eines der Ehegatten der Konkurs über das Vermögen des überlebenden eröffnet, bevor das Recht des letzteren, die Fortsetzung der Gütergemeinschaft abzulehnen, weggefallen ist, so ist die Sachlage dieselbe, wie wenn es sich um eine vor der Konkurseröffnung dem Gemeinschuldner angefallene Erbschaft handelt, deren Ausschlagung noch zulässig ist. Nach §. 1a Abs. 3 des Entwurfs würde das Gesammtgut der fortgesetzten Gütergemeinschaft zur Konkursmasse gehören. Demgegenüber bestimmt jedoch der Entwurf, daß, wie die Ausschlagung der Erbschaft, so auch die Ablehnung der fortgesetzten Gütergemeinschaft nur dem Gemeinschuldner zustehen soll. Dies gilt sowohl für den Fall, daß die Frau den Mann, als für den Fall, daß der Mann die Frau überlebt.

§. 10a.

Die Vorschrift des §. 10a, daß ein gegen den Gemeinschuldner bestehendes Veräußerungsverbot der in den §§. 135, 136 des Bürgerlichen Gesetzbuchs bezeichneten Art den Konkursgläubigern gegenüber unwirksam ist, entspricht dem Wesen des Konkursverfahrens, das eine Gleichbehandlung aller Gläubiger fordert. Eine Ausnahme muß jedoch eintreten für die bei der Zwangsvollstreckung in das unbewegliche Vermögen zu Gunsten des betreibenden Gläubigers erfolgte Beschlagnahme, da diese Beschlagnahme zugleich ein Recht auf abgesonderte Befriedigung gewährt (§. 10 Abs. 1 Nr. 5, §. 162 des Gesetzes über die Zwangsversteigerung und die Zwangsverwaltung vom 24. März 1897 in Verbindung mit §. 39 des Entwurfs).

Der

§. 11

ist durch die Bestimmung ergänzt, daß während der Dauer des Konkursverfahrens in Ansehung der zur Konkursmasse gehörigen Grundstücke oder im Schiffsregister eingetragenen Schiffe sowie der zur Konkursmasse gehörigen Rechte, mit denen ein Grundstück belastet ist, zu Gunsten einzelner Konkursgläubiger die Eintragung einer Vormerkung auf Grund einer einstweiligen Verfügung unzulässig ist (zu vergl. §§. 883, 885 des Bürgerlichen Gesetzbuchs, §. 779a des Entwurfs eines Gesetzes, betreffend Aenderungen der Civilprozeßordnung). Die Nothwendigkeit, ein Sondervorgehen der Gläubiger zu hemmen, liegt hier in gleicher Weise vor wie bei der Arrestvollziehung und Zwangsvollstreckung.

§. 12.

Die Fassung des bisherigen §. 12 ist insofern zu eng, als sie nur den Erwerb von Pfand- und Hypothekenrechten, nicht aber den von sonstigen Rechten an den zur Konkursmasse gehörigen Gegenständen trifft. Im Entwurf ist dieser Mangel vermieden. Die Einschaltung am Schlusse des ersten Satzes stellt klar, daß die Fälle, in denen der Erwerb auf einer Rechtshandlung des Gemeinschuldners beruht, bereits durch §. 6 gedeckt sind.

Im Zusammenhange mit Bestimmungen des Bürgerlichen Gesetzbuchs, welche die Eintragungen in das Grundbuch (§§. 878, 892, 893) und in das Schiffsregister (§. 1260 Abs. 1) betreffen, enthält der Entwurf (§. 12 Satz 2) eine durch die Rücksicht auf die Sicherheit des Rechtsverkehrs gebotene Beschränkung der Vorschrift, daß Rechte an Gegenständen der Konkursmasse nach der Konkurseröffnung nicht mit Wirksamkeit gegenüber den Konkursgläubigern erworben werden können. Danach wird insbesondere eine Erklärung, durch welche der Gemeinschuldner eine Eintragung im Grundbuche bewilligt hat, auch den Konkursgläubigern gegenüber wirksam bleiben, sofern die Konkurseröffnung erst erfolgt, nachdem die Erklärung für den Gemeinschuldner bindend geworden und der Antrag auf Eintragung bei dem Grundbuchamte gestellt worden ist. Das Gleiche wird eintreten, wenn derjenige, zu dessen Gunsten die Erklärung abgegeben wird, zur Zeit der Stellung des Antrags auf Eintragung oder, sofern die nach §. 873 des Bürgerlichen Gesetzbuchs erforderliche Einigung erst später zu Stande kam, zur Zeit der Einigung von der Konkurseröffnung keine Kenntniß hatte. In den zuletzt hervorgehobenen Fällen läßt sich übrigens die Wahrung der Rechte der Gläubiger dadurch erreichen, daß das Grundbuchamt unverzüglich um die Eintragung der Konkurseröffnung ersucht wird (§. 892 Satz 2 des Bürgerlichen Gesetzbuchs in Verbindung mit §. 106 der Konkursordnung). Selbstverständlich ist auch der Konkursverwalter nicht gehindert, die erfolgte Eintragung gegebenen Falles nach Maßgabe der §§. 22 ff. der Konkursordnung als unwirksam anzufechten.

Eine Eintragung im Wege der Zwangsvollstreckung oder der Arrestvollziehung (§§. 757b, 757c, 811 des Entwurfes eines Gesetzes, betreffend Aenderungen der Civilprozeßordnung) ist nach der Konkurseröffnung auf Grund eines vorher gestellten Antrags schon gemäß §. 11 unzulässig. Der öffentliche Glaube des Grundbuchs kann hier zu Gunsten des Antragstellers nicht Platz greifen, da der Schutz des §. 892 des Bürgerlichen Gesetzbuchs nur demjenigen gewährt wird, welcher ein Recht an einem Grundstück oder ein Recht an einem solchen Rechte durch Rechtsgeschäft erwirbt.

Mit Rücksicht auf das rheinische Recht, nach welchem zwar nicht die Entstehung der Hypothek, wohl aber regelmäßig ihre Wirksamkeit gegenüber Dritten von der Eintragung abhängt, ist in dem bisherigen §. 12 der Konkursordnung neben dem Erwerbe von Rechten an Gegenständen der Konkursmasse noch die Eintragung solcher Rechte besonders hervorgehoben. Vom Standpunkte des Bürgerlichen Gesetzbuchs, welche zur Entstehung des Rechtes stets die Eintragung fordert (§. 873 Abs. 1), ist dies nicht mehr geboten. Zufolge Art. 189 des Einführungsgesetzes zum Bürgerlichen Gesetzbuche bleiben allerdings für den Erwerb von Rechten an einem Grundstück auch nach dem Inkrafttreten des Bürgerlichen Gesetzbuchs die bisherigen Gesetze bis zu dem Zeitpunkte maßgebend, in welchem das Grundbuch als angelegt anzusehen ist; indessen reicht für die Uebergangszeit der Grundsatz aus, den der Entwurf eines Einführungsgesetzes zu dem Gesetze, betreffend Aenderungen der Konkursordnung, im Artikel 6 aufstellt.

§. 13.

Das Bürgerliche Gesetzbuch hat die Gründe, welche eine Hemmung der Verjährung bewirken, in den §§. 202 ff. erschöpfend geregelt. Die Konkurseröffnung befindet sich nicht darunter und damit ist ihr die fragliche Wirkung versagt. Der Satz 1 des bisherigen §. 13 ist sonach gegenstandslos. Dasselbe gilt für den Satz 2, da die Vorschrift, daß durch die Anmeldung einer Konkursforderung deren Verjährung unterbrochen wird, in das Bürgerliche Gesetzbuch (§. 209 Abs. 2 Nr. 2) übernommen ist.

§. 14.

Der neue Abs. 2 bestimmt, daß eine Vereinbarung, durch welche bei einer Gemeinschaft nach Bruchtheilen das Recht, die

Aufhebung der Gemeinschaft zu verlangen, für immer oder auf Zeit ausgeschlossen oder eine Kündigungsfrist festgesetzt worden ist, nicht gegen die Konkursmasse wirkt; das Gleiche soll von einer Anordnung dieses Inhalts gelten, die ein Erblasser für die Gemeinschaft seiner Erben getroffen hat. Außerhalb des Konkursverfahrens sind die Gläubiger eines Theilhabers der Gemeinschaft durch die Vorschriften des §. 751 Satz 2 und des §. 2044 Abs. 1 des Bürgerlichen Gesetzbuchs bereits in dieser Weise geschützt.

Der

§. 17

des Entwurfs entspricht in den ersten zwei Sätzen dem §. 17 Nr. 1 des gegenwärtigen Gesetzes. Die Fassung ist mit dem Bürgerlichen Gesetzbuch in Uebereinstimmung gebracht. Dies gilt insbesondere von dem Eingange des ersten Satzes (zu vergl. §. 571 des Bürgerlichen Gesetzbuchs). Die Verweisung auf die ortsüblichen Fristen mußte wegfallen, nachdem das Bürgerliche Gesetzbuch (§§. 565, 581, 595) die Kündigungsfristen bei der Miethe und Pacht einheitlich geregelt hat.

Es ist gegenwärtig bestritten, ob die Ausübung der im §. 17 dem Verwalter eingeräumten Kündigungsbefugniß für den Vermiether oder Verpächter das Recht begründet, im Konkurse wegen der vorzeitigen Aufhebung des Verhältnisses nach Maßgabe der Vorschriften des bürgerlichen Rechtes Entschädigung zu fordern. Das Reichsgericht hat in wiederholten Entscheidungen den Entschädigungsanspruch für zulässig erklärt. Mit Rücksicht auf die Zweifel, die gegenüber dieser Auffassung daraus entnommen werden können, daß der Konkursverwalter, wenn er den Mieth- oder Pachtvertrag kündigt, das Vertragsverhältniß auf Grund einer ihm vom Gesetze verliehenen Befugniß für die Zukunft auflöst, empfiehlt es sich, den Anspruch auf Schadensersatz ausdrücklich anzuerkennen. Eine dahingehende Bestimmung ist im Schlußsatze des §. 17 getroffen. Für den Fall, daß der Verwalter die Erfüllung eines zweiseitigen Vertrags gemäß §. 15 ablehnt, bedarf es einer entsprechenden Vorschrift nicht. Denn durch die Ablehnung der Erfüllung wird das Vertragsverhältniß nicht aufgehoben, und es ist daher in Uebereinstimmung mit der herrschenden Ansicht und der Rechtsprechung des Reichsgerichts als selbstverständlich zu erachten, daß an die Stelle des Anspruchs auf Erfüllung ein Anspruch auf Schadensersatz tritt.

Der

§. 18

des Entwurfs behandelt den Fall, daß dem Gemeinschuldner ein von ihm gemietheter oder gepachteter Gegenstand zur Zeit der Eröffnung des Konkursverfahrens noch nicht überlassen war. Er giebt den Inhalt des bisherigen §. 18 wieder; die Fassung schließt sich auch hier dem Bürgerlichen Gesetzbuch an.

§. 18a.

Für die Fälle, in denen der Gemeinschuldner einen von ihm vermietheten oder verpachteten Gegenstand dem Miether oder Pächter bereits vor der Konkurseröffnung überlassen hat, sieht der Entwurf (§. 18a Abs. 1), sachlich mit dem bisherigen Rechte übereinstimmend, vor, daß der Mieth- oder Pachtvertrag der Konkursmasse gegenüber wirksam ist (zu vergl. §. 152 Abs. 2 des Gesetzes über die Zwangsversteigerung und die Zwangsverwaltung vom 24. März 1897).

Wird zu Gunsten eines Hypothekengläubigers der für ein gepfändetes Grundstück zu entrichtende Mieth- oder Pachtzins in Beschlag genommen, so ist nach §. 1124 des Bürgerlichen Gesetzbuchs eine Verfügung, die darüber vor der Beschlagnahme getroffen ist, insbesondere die etwa erfolgte Einziehung, dem Hypothekengläubiger gegenüber unwirksam, soweit sie sich auf den Mieth- oder Pachtzins für eine spätere Zeit als das zur Zeit der Beschlagnahme laufende und das folgende Kalendervierteljahr bezieht. Gemäß §. 1125 des Bürgerlichen Gesetzbuchs kann ferner, soweit die Einziehung des Mieth- oder Pachtzinses dem Hypothekengläubiger gegenüber unwirksam ist, der Miether oder Pächter nicht eine ihm gegen den Vermiether oder Verpächter zustehende Forderung gegen den Hypothekengläubiger aufrechnen. In einer ähnlichen Lage wie der Hypothekengläubiger, der die Beschlagnahme des Grundstücks erwirkt hat, befinden sich die Konkursgläubiger hinsichtlich der auf die Zeit nach der Konkurseröffnung entfallenden Mieth- oder Pachtzinsen aus Grundstücken, die zur Konkursmasse gehören und dem Miether oder Pächter zur Zeit der Konkurseröffnung schon überlassen waren. Es ist daher eine Forderung der Billigkeit, daß den Konkursgläubigern der gleiche Schutz zu Theil werde. Der §. 18a enthält im Abs. 2 die entsprechenden Bestimmungen. Für die Fälle, daß der Gemeinschuldner vor der Konkurseröffnung andere Gegenstände als Grundstücke vermiethet oder verpachtet hatte, besteht ein solches Bedürfniß nicht. Verfügungen des Gemeinschuldners in Ansehung der auf die Zeit nach der Konkurseröffnung entfallenden Mieth- oder Pachtzinsen sind hier den Konkursgläubigern gegenüber unbeschränkt wirksam, soweit nicht ein Anfechtungsrecht des Verwalters nach den §§. 22 ff. der Konkursordnung begründet ist.

Die Bestimmung am Schlusse des §. 18a, daß eine freiwillige Veräußerung des vermietheten oder verpachteten Grundstücks durch den Verwalter auf das Mieth- oder Pachtverhältniß wie eine Zwangsversteigerung wirkt, steht sachlich mit dem bisherigen §. 17 Nr. 2 der Konkursordnung im Einklange. Die hiernach maßgebenden Vorschriften finden sich nunmehr im §. 57 des Gesetzes über die Zwangsversteigerung und die Zwangsverwaltung vom 24. März 1897.

§. 19.

Der §. 19 der Konkursordnung betrifft den Einfluß der Konkurseröffnung auf ein in dem Haushalte, Wirthschaftsbetrieb oder Erwerbsgeschäfte des Gemeinschuldners angetretenes Dienstverhältniß. Die Bezugnahme auf die ortsübliche Kündigung ist beseitigt, da das Bürgerliche Gesetzbuch (§§. 621 ff.) auch für den Dienstvertrag gesetzliche Kündigungsfristen vorgesehen hat.

Die Vorschrift im Abs. 2 entspricht dem §. 17 Satz 3 des Entwurfs.

§. 19a.

Die Konkursordnung enthält keine selbständigen Vorschriften über die Einwirkung der Konkurseröffnung auf einen von dem Gemeinschuldner ertheilten Auftrag. Nach dem §. 20 sind gegenwärtig in dieser Hinsicht die besonderen landesgesetzlichen Vorschriften maßgebend. Diese Vorschriften werden dadurch beseitigt, daß der Auftrag im Bürgerlichen Gesetzbuche seine Regelung gefunden hat. Das letztere giebt aber seinerseits für den Auftrag Bestimmungen über den Einfluß der Konkurseröffnung nicht. Deshalb muß die Frage nunmehr in der Konkursordnung ihre Erledigung finden. Nach dem Vorgange des französischen Rechtes (code civil Art. 2003) stellt der Entwurf (§. 19a Abs. 1 Satz 1) die Regel auf, daß ein von dem Gemeinschuldner ertheilter Auftrag durch die Konkurseröffnung erlischt, sofern er sich nicht auf das Vermögen bezieht, das nicht zur Konkursmasse gehört.

Die Regel erleidet jedoch zufolge §. 19a Abs. 1 Satz 2 des Entwurfs nach zwei Richtungen eine Ausnahme.

Zunächst sieht der Entwurf, im Anschluß an eine ähnliche Bestimmung des preußischen Rechtes (Allgemeines Landrecht I, 13 §. 199) vor, daß, entsprechend der Vorschrift, welche nach §. 672 Abs. 1 Satz 2 des Bürgerlichen Gesetzbuchs für die Fälle Platz greift, in denen der Auftrag durch den Tod des Auftraggebers erlischt, der von dem Gemeinschuldner Beauftragte, wenn mit dem Aufschube Gefahr verbunden ist, die Besorgung des aufgetragenen Geschäfts fortzusetzen hat, bis der Konkursverwalter anderweit Fürsorge treffen kann. Der Auftrag gilt hier insoweit als fortbestehend. Nicht minder gilt aber, in Anwendung des §. 674 des Bürgerlichen Gesetzbuchs, der durch die Konkurseröffnung erloschene Auftrag zu Gunsten des Beauftragten so lange als fortbestehend, bis der Beauftrage von dem Erlöschen Kenntniß erlangt oder das Erlöschen kennen muß. In dem einen wie in dem anderen Falle dauert zugleich, gemäß, §. 168 Satz 1 des Bürgerlichen Gesetzbuchs, die mit dem Auftrag etwa verbundene Vollmacht fort.

Nach dem Abs. 2 des §. 19a sollen, im Anschluß an den §. 675 des Bürgerlichen Gesetzbuchs, die Bestimmungen des Abs. 1 auch dann Platz greifen, wenn sich Jemand durch einen Dienstvertrag oder einen Werkvertrag verpflichtet hat, ein ihm von dem Gemeinschuldner übertragenes Geschäft für diesen zu besorgen.

Der

§. 19b

des Entwurfs verleiht im Satz 1 einer Vormerkung, die zur Sicherung eines Anspruchs auf Einräumung oder Aufhebung eines Rechtes an einem Grundstücke des Gemeinschuldners oder an einem für den Gemeinschuldner eingetragenen Rechte oder zur Sicherung eines Anspruchs auf Aenderung des Inhalts oder des Ranges eines solchen Rechtes im Grundbuch eingetragen ist, Wirksamkeit auch gegenüber der Konkursmasse. Diese Regelung ergiebt sich aus dem Wesen der Vormerkung und entspricht den Vorschriften des §. 883 Abs. 2, 3 sowie des §. 888 Abs. 1 des Bürgerlichen Gesetzbuchs. Die gleiche Regelung trifft der §. 19b Satz 2 für den Fall, daß in Ansehung eines Schiffspfandrechts eine Vormerkung in das Schiffsregister eingetragen ist (zu vergl. §§. 96, 119 des Entwurfs eines Gesetzes über die Angelegenheiten der freiwilligen Gerichtsbarkeit in Verbindung mit §. 18 der Grundbuchordnung; §. 779a des Entwurfs eines Gesetzes, betreffend Aenderungen der Civilprozeßordnung).

§. 20.

Nach dem bisherigen §. 20 der Konkursordnung kommen, soweit rücksichtlich einzelner, durch die §§. 16 bis 19 nicht betroffener Rechtsverhältnisse die Reichs- oder Landesgesetze besondere Bestimmungen über die Wirkung der Konkurseröffnung enthalten, diese Bestimmungen zur Anwendung. Durch die neue Fassung in Verbindung mit dem Art. 55 des Einführungsgesetzes zum Bürgerlichen Gesetzbuche wird klargestellt, daß nach dem Inkrafttreten des letzteren die besonderen landesgesetzlichen Bestimmungen neben dem Reichsrechte nur noch insoweit Geltung behalten, als sie einem der Landesgesetzgebung vorbehaltenen Gebiete des bürgerlichen Rechtes angehören.

§. 21 a.

Wenn ein durch die Konkurseröffnung an sich erloschener Auftrag, Dienstvertrag oder Werkvertrag als fortbestehend gilt, weil mit dem Aufschube Gefahr verbunden ist, so kommt die Fortsetzung der Geschäftsführung unmittelbar der Konkursmasse zu gute. Dem anderen Theile muß daher, wie der §. 21a ausdrücklich bestimmt, in Ansehung der nach der Eröffnung des Verfahrens durch seine Thätigkeit begründeten Ersatzansprüche die Stellung eines Massegläubigers eingeräumt werden. Hiernach versteht sich, wenn mit dem Rechtsverhältniß eine Vollmacht verbunden ist, von selbst, daß auch die auf Grund der Vollmacht vorgenommenen Handlungen der Konkursmasse gegenüber wirksam sind.

Für die Fälle, in denen ein Auftrag, Dienstvertrag oder Werkvertrag mit Rücksicht auf den guten Glauben des zur Geschäftsbesorgung Berufenen als fortdauernd behandelt wird, trifft der zuvor bezeichnete Gesichtspunkt nicht zu. Wohl aber liegt es in der Absicht des Gesetzes, ihn thunlichst vor Schaden zu bewahren und folgeweise die von ihm nach der Konkurseröffnung besorgten Geschäfte so zu behandeln, wie wenn sie in der Zeit vor der Eröffnung vorgenommen wären. Der Entwurf gewährt ihm daher für die Ersatzansprüche aus solchen Geschäften die Rechte eines Konkursgläubigers.

§. 21 b.

Eine gemäß §. 705 des Bürgerlichen Gesetzbuchs eingegangene Gesellschaft wird nach §. 728 Satz 1 durch die Eröffnung des Konkurses über das Vermögen eines Gesellschafters aufgelöst. Die übrigen Gesellschafter sind jedoch verpflichtet, die ihnen übertragenen Geschäfte, wenn mit dem Aufschube Gefahr verbunden ist, einstweilen fortzuführen, bis der Konkursverwalter in Gemeinschaft mit ihnen anderweit Fürsorge treffen kann; die Gesellschaft gilt insoweit als fortbestehend (§. 727 Abs. 2 Satz 2, 3, §. 728 Satz 2). Da die einstweilige Fortführung der Geschäfte im Interesse der Konkursmasse geschieht, so liegt es im Sinne der Vorschriften des §. 52 der Konkursordnung, wenn die Gesellschafter in Ansehung der ihnen aus dieser Geschäftsführung gegen den Gemeinschuldner erwachsenden Ansprüche (§§. 670, 713 des Bürgerlichen Gesetzbuchs) als Massegläubiger behandelt werden.

Nach §. 729 des Bürgerlichen Gesetzbuchs gilt, falls die Gesellschaft durch die Eröffnung des Konkurses über das Vermögen eines Gesellschafters aufgelöst wird, die einem Gesellschafter durch den Gesellschaftsvertrag übertragene Befugniß zur Geschäftsführung zu seinen Gunsten gleichwohl als fortbestehend, bis er von der Auflösung Kenntniß erlangt oder die Auflösung kennen muß. Alsdann ist es aber eine Forderung der Billigkeit, daß der Gesellschafter auch die ihm von dem Augenblicke der Konkurseröffnung bis zu dem bezeichneten Zeitpunkt aus seiner Geschäftsführung erwachsenen Ansprüche als Konkursforderungen geltend machen kann, selbstverständlich unbeschadet seines Rechtes, wegen dieser Ansprüche nach §. 44 der Konkursordnung abgesonderte Befriedigung aus dem bei der Auseinandersetzung wegen des Gesellschaftsvermögens ermittelten Antheile des Gemeinschuldners zu verlangen.

§. 25.

Der §. 25 der Konkursordnung enthält neben Vorschriften, die sich auf die Anfechtung unentgeltlicher Verfügungen beziehen, die Bestimmung, daß eine in den letzten zwei Jahren vor der Eröffnung des Verfahrens von dem Gemeinschuldner bewirkte Sicherstellung oder Rückgewähr eines Heirathsguts oder des gesetzlich in seine Verwaltung gekommenen Vermögens seiner Frau ohne Weiteres angefochten werden kann, sofern der Gemeinschuldner nicht zu der Sicherstellung oder Rückgewähr durch das Gesetz oder durch einen vor dem bezeichneten Zeitraume geschlossenen Vertrag verpflichtet war. Die Gläubiger des Mannes sollen hierdurch gegen die Gefahr geschützt werden, daß dieser, wenn er in Vermögensverfall geräth, das vorhandene Vermögen dazu verwendet, die Ehefrau für die Ansprüche zu befriedigen oder sicherzustellen, die ihr in Ansehung des in seine Hand gelangten Vermögens zustehen. Mit Rücksicht auf die Vorschriften der bestehenden ehelichen Güterrechte hat sich jedoch die Konkursordnung genöthigt gesehen, das Anfechtungsrecht insoweit auszuschließen, als das Gesetz den Ehemann zu der Sicherstellung oder Rückgewähr verpflichtet. Künftig werden in dieser Beziehung die Vorschriften des Bürgerlichen Gesetzbuchs maßgebend sein. Zufolge §. 1391 und §. 1418 Abs. 1 Nr. 1 des Bürgerlichen Gesetzbuchs ist aber die Frau schon dann berechtigt, Sicherheitsleistung zu verlangen oder auf Aufhebung der Verwaltung und Nutznießung zu klagen, wenn das Verhalten des Mannes die Besorgniß begründet, daß die Rechte der Frau in einer das eingebrachte Gut erheblich gefährdenden Weise verletzt werden, oder wenn die der Frau aus der Verwaltung und Nutznießung des Mannes zustehenden Ansprüche auf Ersatz des Werthes verbrauchbarer Sachen erheblich gefährdet sind. Hiernach würde, wenn der §. 25 unverändert bliebe, eine Rückgewähr oder Sicherstellung, die zu einer Zeit erfolgt ist, in welcher eine Beeinträchtigung der Rechte der Frau nicht zu besorgen war, der Mann sich vielmehr in einer günstigen Vermögenslage befand, ohne Weiteres angefochten werden können, während eine bei ungünstiger Vermögenslage des Mannes bewirkte Rückgewähr oder Sicherstellung der im §. 25 vorgesehenen Anfechtung entzogen bliebe. Den hieraus sich ergebenden Widerspruch beseitigt der Entwurf dadurch, daß er das in Frage stehende Anfechtungsrecht vollständig aufhebt. Der Vorschrift der Konkursordnung liegt, was das Verhältniß der Gläubiger des Mannes zu dem Vermögen der Frau betrifft, eine Auffassung zu Grunde, die von der im Bürgerlichen Gesetzbuche zur Geltung gelangten Anschauung wesentlich verschieden ist; diese Auffassung kann daher neben den Vorschriften des Bürgerlichen Gesetzbuchs nicht mehr aufrecht erhalten werden.

Der

§. 33

des geltenden Gesetzes stellt im Abs. 2 die Voraussetzungen der Anfechtung gegen den Sondernachfolger desjenigen fest, welchem gegenüber die anfechtbare Handlung vorgenommen worden ist. Die Regelung ist eine verschiedene, je nachdem der Sondernachfolger eine der im §. 24 Nr. 2 genannten Personen (Ehegatte, Verwandter, Verschwägerter des Gemeinschuldners ist oder nicht zu diesen Personen gehört. Die praktisch bedeutsamste Verschiedenheit betrifft die Vertheilung der Beweislast. Sie ergiebt sich aus der Natur der Sache und kann daher hier so wenig wie im §. 24 aufgegeben werden. Dagegen erscheint eine Ausgleichung zwischen Nr. 1 und 2 des §. 33 Abs. 2 nach einer anderen Richtung geboten. Es läßt sich nicht rechtfertigen, wenn zu Ungunsten der Gläubiger die Nr. 1, abweichend von der Nr. 2, die Anfechtung gegen den Rechtsnachfolger auf den Fall beschränkt, daß die Handlung von dem Gemeinschuldner in der Absicht, seine Gläubiger zu benachtheiligen, vorgenommen war (§. 24 der Konkursordnung), während die sonstigen Anfechtungsgründe, insbesondere die des §. 23, unberücksichtigt bleiben. Andererseits hat der Wortlaut der Nr. 1 zu der Auffassung Anlaß gegeben, daß der gutgläubige Erwerb eines Sondernachfolgers die Anfechtung gegen spätere Sondernachfolger nicht ausschließe. Die Möglichkeit einer derartigen Anfechtung widerspricht aber, sofern sie dem gutgläubigen Erwerber die Weiterveräußerung erschwert, den Anforderungen des Rechtsverkehrs und ist daher in anderen Gesetzgebungen (zu vergl. das österreichische Gesetz über die Anfechtung von Rechtshandlungen vom 16. März 1884 §. 15) ausdrücklich beseitigt. Der Entwurf hat der Nr. 1 und der Nr. 2 eine Fassung gegeben, welche die hervorgehobenen Bedenken erledigt.

Neu hinzugefügt ist die Vorschrift, daß der Erwerb des Sondernachfolgers auch insoweit der Anfechtung unterliegt, als ihm das Empfangene unentgeltlich zugewendet worden ist, wobei übrigens, wenn der Empfänger in gutem Glauben war, sich seine Haftung auf die Herausgabe der Bereicherung beschränkt (§. 33 Abs. 2 Nr. 3, Abs. 3 des Entwurfs). Die Vorschrift rechtfertigt sich durch Rücksichten der Billigkeit und entspricht einem Grundsatze, der auch im Bürgerlichen Gesetzbuche mehrfach Anerkennung gefunden hat (§. 816 Abs. 1 Satz 2, §. 822). Eine ähnliche Bestimmung enthielt übrigens schon die preußische Konkursordnung (§. 109 Nr. 3), der das österreichische Gesetz vom 16. März 1884 (§. 15) gefolgt ist.

Der

§. 34

bestimmt in seiner jetzigen Fassung, daß das Anfechtungsrecht in einem Jahre seit der Eröffnung des Verfahrens verjährt. Nach dem Bürgerlichen Gesetzbuch unterliegen nur Ansprüche der Verjährung, das Anfechtungsrecht ist aber nicht als ein Anspruch im Sinne des Gesetzbuchs anzusehen (§. 194 Abs. 1). Der Entwurf hat daher im Anschluß an den §. 124 Abs. 1 des

Bürgerlichen Gesetzbuchs, der von der Anfechtung einer Willenserklärung wegen Täuschung oder Drohung handelt, die Fassung dahin geändert, daß die Anfechtung nur binnen Jahresfrist seit der Eröffnung des Verfahrens erfolgen kann. Auf den Lauf der Frist sollen jedoch, in Uebereinstimmung mit dem Abs. 2 Satz 2 des §. 124, die für die Verjährung geltenden Vorschriften des §. 203 Abs. 2 und des §. 207 des Bürgerlichen Gesetzbuchs Anwendung finden; auch soll, entsprechend dem §. 124 Abs. 3 des Bürgerlichen Gesetzbuchs, die Anfechtung auf Grund des §. 24 Nr. 1 ausgeschlossen sein, wenn seit der Vornahme der Handlung dreißig Jahre verstrichen sind.

Nach dem neuen Abs. 2 des §. 34 kann, falls durch die anfechtbare Handlung eine Verpflichtung des Gemeinschuldners zu einer Leistung begründet ist, der Konkursverwalter die Leistung verweigern, auch wenn die Anfechtung nach Abs. 1 ausgeschlossen ist. Es würde dem Rechtsbewußtsein widersprechen, wenn dem Anfechtungsgegner unter solchen Umständen die Berufung auf den Ablauf der Anfechtungsfrist gestattet wäre. Das Bürgerliche Gesetzbuch hat in einer Reihe von Fällen (§§. 821, 853, 2083, 2345) die gleiche Auffassung zur Geltung gebracht.

§ 34a.

Die Vorschriften der §§. 22ff. über die Anfechtung von Rechtshandlungen eines Gemeinschuldners beziehen sich ihrem Wortlaute zufolge nur auf Rechtshandlungen, die vor der Eröffnung des Konkursverfahrens vorgenommen worden sind. Im Zusammenhange mit der Aenderung des §. 6 dehnt der Entwurf (§. 34a Satz 1) jene Vorschriften ihrem Zwecke gemäß auf solche Rechtshandlungen aus, die nach der Eröffnung des Verfahrens vorgenommen worden, gleichwohl aber vermöge der Bestimmungen des Bürgerlichen Gesetzbuchs über den öffentlichen Glauben des Grundbuchs (§§. 892, 893) den Konkursgläubigern gegenüber wirksam sind. Die Frist für die Ausübung des Anfechtungsrechts kann in den fraglichen Fällen nicht mit der Eröffnung des Konkurses, sondern erst mit der Vornahme der Rechtshandlung beginnen (§. 34a Satz 2).

§. 39.

In sachlicher Uebereinstimmung mit dem geltenden Gesetze stellt der neue §. 39 fest, daß die Gegenstände, welche der Zwangsvollstreckung in das unbewegliche Vermögen unterliegen, zur abgesonderten Befriedigung für diejenigen dienen, welchen ein Recht auf Befriedigung aus diesen Gegenständen zusteht. Die neue Fassung schließt sich dem §. 757 Abs. 1 des Entwurfs eines Gesetzes, betreffend Aenderungen der Civilprozeßordnung, und dem §. 10 des Gesetzes über die Zwangsversteigerung und die Zwangsverwaltung von 24. März 1897 an. Der Umfang der Immobiliarmasse sowie der Umfang und die Rangordnung der aus ihr zu berichtigenden Ansprüche sind in den §§. 757, 757a des bezeichneten Entwurfs und in den §§. 10, 155 des Gesetzes über die Zwangsversteigerung und die Zwangsverwaltung bestimmt. Der bisherige Abs. 2 des §. 39 ist damit gegenstandslos geworden und hat demgemäß in Wegfall zu kommen.

§. 40.

Die Konkursordnung bezeichnet das durch Vertrag begründete Pfandrecht, welches ein Recht auf abgesonderte Befriedigung gewährt, als Faustpfandrecht. An Stelle dieser Bezeichnung ist hier sowie in den §§. 41, 117 der vom Bürgerlichen Gesetzbuche gebrauchte Ausdruck „durch Rechtsgeschäft bestelltes Pfandrecht" getreten. Im Eingange des §. 40 sind ferner die Worte „an einer beweglichen körperlichen Sache" durch die Worte „an einer beweglichen Sache" ersetzt, weil nach §. 90 des Bürgerlichen Gesetzbuchs unter Sachen im Sinne des Gesetzes nur körperliche Gegenstände verstanden werden.

§. 41.

Die Nr. 1 des §. 41 ist unverändert geblieben. Durch die neue Bestimmung im Abs. 2 des §. 41 wird aber den unter Nr. 1 aufgeführten Ansprüchen der Vorrang gegenüber allen anderen Absonderungsrechten der §§. 40 und 41 gesichert. Dieses Vorzugsrecht rechtfertigt sich dadurch, daß die Zoll- und Steuerpflicht jeden trifft, dem ein Recht an der Sache zusteht, und ist landesgesetzlich schon gegenwärtig anerkannt (zu vergl. das preußische Ausführungsgesetz zur Konkursordnung vom 6. März 1879 §. 6).

Die neue Nr. 2 umfaßt die zur Zeit in der Nr. 2 bis 6 enthaltenen Absonderungsrechte, welche vom Bürgerlichen Gesetzbuche (§. 559, §. 581 Abs. 2, §§. 585, 590, 647, 704) durchweg als gesetzliche Pfandrechte gestaltet sind, sowie aus der Nr. 8 die gesetzlichen Pfandrechte des Handelsgesetzbuchs. Daneben wird noch das durch Pfändung erlangte Pfandrecht aufgeführt, wodurch sich die bisherige Nr. 9 erledigt.

Die Grenzen, welche von dem Entwurf in der Nr. 2 dem Absonderungsrechte des Vermiethers und des Verpächters gezogen sind, entsprechen genau den Vorschriften, welche das Bürgerliche Gesetzbuch für die Fälle getroffen hat, in denen das gesetzliche Pfandrecht wegen der Forderungen aus dem Miethverhältnisse (§. 559 Satz 2) oder aus dem Pachtverhältnisse (§. 581 Abs. 2, §. 585) außerhalb des Konkurses geltend gemacht wird. Uebrigens wird hierdurch, was den Vermiether betrifft, eine sachliche Aenderung im Vergleiche mit dem bestehenden Rechte (Gesetz, betreffend die Abänderung des §. 41 der Konkursordnung, vom 9. Mai 1894) nicht herbeigeführt.

Die bisherige Nr. 7 ist vom Entwurf als Nr. 3 wörtlich übernommen. Sie ist durch die neue Nr. 2 nicht gedeckt, da der Besitzer einer fremden Sache wegen seines Anspruchs auf Ersatz der von ihm gemachten Verwendungen nach dem Bürgerlichen Gesetzbuche (§. 1000) nur ein Zurückbehaltungsrecht, nicht ein gesetzliches Pfandrecht hat. Auch bei der dem Besitzer durch §. 1003 des Bürgerlichen Gesetzbuchs unter bestimmten Voraussetzungen gewährten Befugniß, Befriedigung aus der Sache nach den Vorschriften über den Pfandverkauf bei einem Grundstücke nach den Vorschriften über die Zwangsvollstreckung in das unbewegliche Vermögen zu suchen, handelt es sich lediglich um eine besondere Art der Durchführung des persönlichen Anspruchs.

Die Nr. 4 des Entwurfs giebt, unter Weglassung der in die Nr. 2 übertragenen Pfandrechte des Handelsgesetzbuchs, den Inhalt der jetzigen Nr. 8 wieder.

Der

§. 43

des geltenden Gesetzes kommt in Wegfall. Das den Nachlaßgläubigern nach Maßgabe der Landesgesetze zustehende, durch §. 43 der Konkursordnung anerkannte Absonderungsrecht ist als solches vom Bürgerlichen Gesetzbuche beseitigt. Dafür ist den Nachlaßgläubigern, zu denen nach §. 1967 Abs. 2 auch die Vermächtnißnehmer gehören, das Recht gewährt, sich durch den Antrag auf Anordnung der Nachlaßverwaltung oder auf Eröffnung des Nachlaßkonkurses den Gläubigern des Erben gegenüber die abgesonderte Befriedigung aus dem Nachlasse zu sichern (§. 1981 Abs. 2, §. 1984 Abs. 2, §. 1985 Abs. 1 des Bürgerlichen Gesetzbuchs; §. 205 Abs. 1, §§. 205b, 206d des Entwurfs).

§. 54.

Nach dem Vorgange des §. 10 Abs. 1 Nr. 2 des Gesetzes über die Zwangsversteigerung und die Zwangsverwaltung vom 24. März 1897 wird durch die neue Fassung der Nr. 1 denjenigen, welche sich dem Gemeinschuldner für dessen Haushalt, Wirthschaftsbetrieb oder Erwerbsgeschäft zu Dienstleistungen verdingen, das Vorrecht wegen ihrer Forderungen an Lohn, Kostgeld oder anderen Dienstbezügen auch für den Fall gewährt, daß es sich nicht um einen dauernden Dienst handelt.

Während die Konkursordnung im §. 54 Nr. 5 mit dem Ausdrucke „Pflegebefohlene" sowohl die unter Vormundschaft als die unter Pflegschaft stehenden Personen treffen will, bedient sich das Bürgerliche Gesetzbuch dieses Ausdrucks nur zur Bezeichnung der Personen, für die eine Pflegschaft angeordnet ist. Mit Rücksicht hierauf sind im Entwurfe neben den Pflegebefohlenen die Mündel besonders genannt.

§§. 74, 81.

Die Vorschriften der §§. 74, 81 sind mit dem §. 154 Satz 1 des Gesetzes über die Zwangsversteigerung und die Zwangsverwaltung, welcher die Verantwortlichkeit des Verwalters bei der Zwangsverwaltung regelt, in Einklang gebracht.

§§. 77, 83.

Mehrfach ist der Wunsch ausgesprochen, daß für die dem Verwalter und den Mitgliedern des Gläubigerausschusses zu gewährenden Vergütungen ein einheitlicher Tarif aufgestellt werden möge. Einen dahin gehenden Beschluß hat auch die Reichstagskommission (Reichstagsdrucksachen 1893/94 S. 1350, 1351) gefaßt. Die reichsgesetzliche Regelung erscheint jedoch mit Rücksicht auf die Verschiedenheit der örtlichen Verhältnisse ausgeschlossen. Der Entwurf (§. 77 Abs. 2, §. 83 Abs. 2) beschränkt sich daher auf die Bestimmung, daß die Landesjustizverwaltung ermächtigt ist, allgemeine Anordnungen in dieser Richtung zu treffen. Einen Vorgang hierfür bietet der §. 14 des Einführungsgesetzes zu dem Gesetz über die Zwangsversteigerung und die Zwangsverwaltung.

Wenn gemäß §. 83 Abs. 1 Satz 2 des Entwurfs die Festsetzung der Auslagen und der Vergütung für die Mitglieder des Gläubigerausschusses stets durch das Konkursgericht, allerdings nach Anhörung der Gläubigerversammlung, erfolgen soll, so rechtfertigt sich diese Abweichung von dem bisherigen Rechte, nach welchem die richterliche Festsetzung nur in Ermangelung einer Einigung mit der Gläubigerversammlung erfolgt, durch die Erfahrung, daß im Schlußtermine regelmäßig nur wenige Gläubiger erscheinen, welche dann leicht geneigt sind, selbst unberechtigte Ansprüche ohne nähere Prüfung anzuerkennen. Uebrigens ist in Uebereinstimmung mit entsprechenden Vorschriften des Bürgerlichen Gesetzbuchs das Erforderniß der Anhörung der Gläubigerversammlung nur dahin zu verstehen, daß den Gläubigern in einer Versammlung Gelegenheit zur Aeußerung gegeben werden soll; daher ist, wenn in dem dazu bestimmten Termine kein Gläubiger erscheint, die Anberaumung eines neuen Termins nicht erforderlich.

§. 98.

Nach §. 98 Abs. 1 Satz 3 der Konkursordnung kann das Gericht, wenn die Eröffnung des Konkursverfahrens beantragt worden ist, ein allgemeines Veräußerungsverbot an den Schuldner erlassen. Wird das Verbot öffentlich bekannt gemacht, so sind gemäß §. 98 Satz 4 in Verbindung mit dem §. 12 Pfand- und Hypothekenrechte, die im Wege der Zwangsvollstreckung oder des Arrestes nach der Bekanntmachung des Verbots erworben oder eingetragen worden sind, den Konkursgläubigern gegenüber unwirksam. Diese Vorschrift bedeutet im Verhältnisse zu denjenigen Gesetzen, welche, wie das preußische Recht, dem öffentlichen Glauben des Grundbuchs auch zu Gunsten des Gläubigers Wirksamkeit beilegen, der im Wege der Zwangsvollstreckung oder des Arrestes die Eintragung einer Hypothek betreibt, eine Erleichterung der Lage der Konkursgläubiger, sofern damit die öffentliche Bekanntmachung des Veräußerungsverbots der Kenntniß des Verbots gleichgestellt wird. Auf einem anderen Standpunkte steht aber das Bürgerliche Gesetzbuch, demzufolge (§§. 135, 136, 892) derjenige, welcher im Wege der Zwangsvollstreckung oder des Arrestes ein Recht erwirbt, sich gegenüber einem zum Schutze bestimmter Personen erlassenen gerichtlichen Veräußerungsverbote niemals auf seinen guten Glauben berufen kann. Von diesem Standpunkt aus wäre es eine Verschlechterung der Lage der Konkursgläubiger, wenn in den bezeichneten Fällen das Veräußerungsverbot einem gutgläubigen Erwerber gegenüber auch künftig erst mit der öffentlichen Bekanntmachung wirksam werden würde. Der Entwurf hat daher den Abs. 1 des §. 98 im Sinne der Auffassung des Bürgerlichen Gesetzbuchs geändert. Die Fälle, in denen sich der Erwerb nach Maßgabe des §. 779

der Civilprozeßordnung, §. 779c des Entwurfs eines Gesetzes zur Abänderung der Civilprozeßordnung vollzieht, werden durch die Aenderung selbstverständlich nicht getroffen, vielmehr bleibt hier der gutgläubige Erwerber trotz der öffentlichen Bekanntmachung des Veräußerungsverbots geschützt (§. 779d des Entwurfs eines Gesetzes, betreffend Aenderung der Civilprozeßordnung). Dagegen hat der Entwurf, entsprechend dem Vorgange bei §. 12, die neue Vorschrift des §. 98 auf alle Rechte ausgedehnt, die im Wege der Zwangsvollstreckung oder des Arrestes erworben werden, nachdem das Veräußerungsverbot an den Schuldner erlassen worden ist; neben den Pfand- und Hypothekenrechten kommt hier insbesondere das mit der Beschlagnahme eines Grundstücks nach dem § 10 Nr. 5 des Gesetzes über die Zwangsversteigerung und die Zwangsverwaltung vom 24. März 1897 verbundene Vorzugsrecht in Betracht. Dem im Wege der Zwangsvollstreckung oder des Arrestes erfolgten Erwerb ist vom Entwurfe, wie im §. 11 Abs. 2, so auch im §. 98 die im Wege einer einstweiligen Verfügung erwirkte Eintragung einer Vormerkung gleichgestellt. Andererseits ist, in Uebereinstimmung mit der neuen Fassung des §. 12, neben dem Erwerb eines Rechtes die mittelst einer Zwangsvollstreckung oder eines Arrestes bewirkte Eintragung von Rechten nicht mehr besonders erwähnt (zu vergl. oben S. 13).

§. 99.

Zufolge der geltenden Vorschrift kann die Abweisung des Eröffnungsantrags erfolgen, wenn nach dem Ermessen des Gerichts eine den Kosten des Verfahrens entsprechende Konkursmasse nicht vorhanden ist. Der Entwurf (§. 99 Abs. 1 Satz 2) bestimmt jedoch, daß die Abweisung unterbleiben soll, wenn ein zur Deckung der im §. 51 Nr. 1, 2 bezeichneten Massekosten ausreichender Geldbetrag vorgeschossen wird. Eine derartige Beschränkung des richterlichen Ermessens ist von zahlreichen Stimmen, namentlich auch seitens der Kommission des Reichstags (Reichstags-Drucksachen 1893/94 S. 1353), befürwortet worden. In der That ist sie durch das Interesse der Gläubiger geboten; namentlich kommt in Betracht, daß zu der Zeit, zu welcher über den Eröffnungsantrag zu entscheiden ist, der Stand der Masse sich häufig noch nicht genügend übersehen läßt. Aehnliche Bestimmungen kommen bereits in anderen Gesetzgebungen vor (zu vergl. das österreichische Gesetz, betreffend Abänderung der Konkursordnung, vom 16. März 1884 §. 2, das schweizerische

Bundesgesetz über Schuldbetreibung und Konkurs vom 10./11. April 1889 Art. 231).

Der neue Abs. 2 des §. 99 schließt sich dem §. 795a des Entwurfs eines Gesetzes, betreffend Aenderungen der Civilprozeßordnung, an.

§. 102.

Nach §. 102 Abs. 2 kann das Gericht den Termin zur Beschlußfassung über die Wahl eines Verwalters sowie über die Bestellung eines Gläubigerausschusses mit dem allgemeinen Prüfungstermine verbinden, wenn die Konkursmasse von geringerem Betrag oder der Kreis der Konkursgläubiger von geringerem Umfang ist. Der Entwurf räumt dem Gerichte diese Befugniß auch für den Fall ein, daß der Gemeinschuldner einen Zwangsvergleichsvorschlag eingereicht hat. Hierdurch wird die Möglichkeit eröffnet, nach Maßgabe des §. 167 den Vergleichstermin mit den beiden anderen Terminen zu vereinigen. Eine solche Beschleunigung des Verfahrens liegt namentlich dann im Interesse aller Betheiligten, wenn der Zwangsvergleichsvorschlag Aussicht auf Annahme hat.

§§. 105, 106, 106a, 106b.

Bezüglich der Eintragung der Eröffnung und Aufhebung des Konkurses in das Grund- oder Hypothekenbuch mußte bisher angesichts der Verschiedenheit des geltenden Liegenschaftsrechts die Konkursordnung (§. 106) lediglich auf die Landesgesetze verweisen. Diese Gesetze weichen unter einander vielfach ab. In mehreren Rechtsgebieten findet die Eintragung nur bei den Grundstücken und den ihnen gleichzuachtenden Rechten des Gemeinschuldners statt (zu vergl. das preußische Ausführungsgesetz zur Konkursordnung vom 6. März 1879 §. 15 in Verbindung mit §. 150 der preußischen Konkursordnnng vom 8. Mai 1855, das hessische Ausführungsgesetz vom 4. Juni 1879 Art. 36, das mecklenburg-schwerinsche Ausführungsgesetz vom 26. Mai 1879 §. 10), in anderen Gebieten aber auch bei den für den Gemeinschuldner eingetragenen Rechten an fremden Grundstücken (zu vergl. die Ausführungsgesetze für Sachsen-Koburg-Gotha vom 7. April 1879 §. 8, für Sachsen-Meiningen vom 20. Juni 1879 §. 9) oder bei allen zum unbeweglichen Vermögen des Gemeinschuldners gehörenden Gegenständen (zu vergl. das bayerische Ausführungsgesetz vom 23. Februar 1879 Art. 33).

Wenn es sich nunmehr darum handelt, die Frage der Eintragung in das Grundbuch reichsgesetzlich zu regeln, so kommen hier vor allem die dem Gemeinschuldner gehörenden Grundstücke in Betracht. Bei den auf fremden Grundstücken eingetragenen Rechten des Gemeinschuldners ist die praktische Bedeutung der Maßregel erheblich geringer. Häufig wird die Eintragung ohne jede Gefahr für die Konkursgläubiger unterbleiben können. Was insbesondere die Hypotheken, Grundschulden und Rentenschulden betrifft, über welche ein Brief ertheilt ist, so lassen sich solche Rechte der Verfügung des Gemeinschuldners schon dadurch entziehen, daß der Verwalter den Brief in Besitz nimmt. Auf Grund der vorstehenden Erwägungen bestimmt der Entwurf (§. 106 Abs. 1 Nr. 1) zunächst, daß ein in Gemäßheit des §. 98 erlassenes allgemeines Veräußerungsverbot sowie die Konkurseröffnung stets bei denjenigen Grundstücken eingetragen werden soll, als deren Eigenthümer der Gemeinschuldner in das Grundbuch eingetragen ist. Den Grundstücken selbst stehen auch in dieser Hinsicht das Erbbaurecht (§. 1017 des Bürgerlichen Gesetzbuchs) sowie die in den Artikeln 63, 68 des Einführungsgesetzes zum Bürgerlichen Gesetzbuche bezeichneten Rechte gleich. Dagegen soll (§. 106 Abs. 1 Nr. 2 des Entwurfs) bei den für den Gemeinschuldner eingetragenen Rechten an Grundstücken oder an eingetragenen Rechten die Eintragung des Veräußerungsverbots und der Konkurseröffnung davon abhängen, daß nach der Art des Rechtes oder den obwaltenden Umständen bei Unterlassung der Eintragung eine Beeinträchtigung der Konkursgläubiger zu besorgen ist.

Die Eintragung wird in der Regel schon zu einer Zeit herbeigeführt werden müssen, zu welcher ein Verwalter noch nicht bestellt ist. Hierdurch rechtfertigt sich die Vorschrift des Entwurfs (§. 106 Abs. 2), daß das Konkursgericht von Amtswegen das Grundbuchamt um die Eintragung zu ersuchen hat (zu vergl. das preußische Ausführungsgesetz zur Konkursordnung vom 6. März 1879 §. 15 mit §§. 13, 14, 19 des Eigenthumsgesetzes vom 5. Mai 1872 und §§. 41, 91 der Grundbuchordnung vom 5. Mai 1872; das bayerische Ausführungsgesetz zur Civilprozeßordnung und zur Konkursordnung vom 23. Februar 1879 Art. 33; die sächsische Gerichtsordnung vom 9. Januar 1865 §. 223; das mecklenburg-schwerinsche Ausführungsgesetz zur Konkursordnung vom 26. Mai 1879 §. 10). Diese Pflicht des Konkursgerichts beschränkt sich übrigens auf die ihm bekannten Grundstücke und Rechte des Gemeinschuldners. Sofern in dieser

Hinsicht weitere Ermittelungen erforderlich werden, gehören sie zu den Aufgaben des Verwalters. Im Zusammenhange hiermit sieht der Entwurf (§. 106 Abs. 3) noch vor, daß die Eintragung auch von dem Konkursverwalter bei dem Grundbuchamte beantragt werden kann.

Der §. 106 des Entwurfs betrifft nur die Eintragung des allgemeinen Veräußerungsverbots und der Konkurseröffnung in das Grundbuch. Was die Löschung der Eintragung betrifft, so kann, wenn Grundstücke oder Rechte von dem Verwalter freigegeben oder veräußert werden, der Gemeinschuldner oder der Erwerber nach Maßgabe der Vorschriften des Bürgerlichen Gesetzbuchs (§. 894; zu vergl. §§. 435, 445) die Löschung im Wege der Berichtigung des Grundbuchs verlangen. Um aber für derartige Fälle die Herbeiführung der Löschung zu erleichtern, bestimmt der Entwurf im §. 106a, daß, soweit die Eintragung auf Ersuchen des Konkursgerichts erfolgt ist, dieses auf Antrag das Grundbuchamt auch ersuchen kann, die Eintragung zu löschen. Wer zur Stellung eines solchen Antrags berechtigt ist, ergiebt sich aus den Vorschriften der Grundbuchordnung (§§. 13ff.). Daß das Konkursgericht, wenn das Veräußerungsverbot in Folge der Abweisung des Eröffnungsantrages aufgehoben wird, auch die Löschung der erfolgten Eintragung zu veranlassen hat, folgt schon aus §. 98 Abs. 2. Zu dem gleichen Ergebnisse gelangt der Entwurf für die Fälle, in denen der Eröffnungsbeschluß im Beschwerdeweg aufgehoben wird, dadurch, daß er den bisherigen §. 105 als §. 106b einstellt und im zweiten Satze ausdrücklich auf den §. 106 verweist. Was endlich die Aufhebung eines rechtskräftig eröffneten Konkursverfahrens sowie die Einstellung und die Wiederaufnahme des Verfahrens betrifft, so bedarf es hier besonderer Bestimmungen nicht, da schon nach den §§. 151, 175, 184, 191 der Konkursordnung die Vorschriften des §. 106 entsprechende Anwendung finden.

§. 107.

Wegen der neuen Vorschrift des §. 107 Abs. 2, welche die Veräußerung der Geschäftsbücher betrifft, kann auf das zu §. 1 Bemerkte verwiesen werden.

§. 117.

Nach §. 117 Abs. 1 kann gegenwärtig der Verwalter die Verwerthung eines zur Masse gehörenden Gegenstandes, an welchem ein Gläubiger ein Faustpfandrecht oder ein diesem gleichstehendes

Recht beansprucht, nur nach Maßgabe der Vorschriften über die Zwangsvollstreckung betreiben. Erfahrungsmäßig führt aber diese Art der Verwerthung nicht selten zu ungünstigen Ergebnissen. Dem praktischen Bedürfniß entsprechend und in Uebereinstimmung mit dem §. 1233 des Bürgerlichen Gesetzbuchs wird deshalb im §. 117 Abs. 1 des Entwurfs dem Verwalter die Befugniß beigelegt, die Verwerthung jener Gegenstände auch nach den Vorschriften über den Pfandverkauf zu betreiben.

Der

§. 117a.

beruht auf den Erwägungen, welche dem §. 690b des Entwurfs eines Gesetzes, betreffend Aenderungen der Civilprozeßordnung, zu Grunde liegen.

§. 118a.

Der Vorschrift des §. 118 zufolge hat bis zur Beschlußfassung der Gläubigerversammlung der Verwalter oder, wenn ein Gläubigerausschuß bestellt ist, dieser nach freiem Ermessen darüber zu bestimmen, ob das Geschäft des Gemeinschuldners geschlossen oder fortgeführt werden soll. Ein Recht, gegen die Schließung des Geschäfts die Entscheidung des Konkursgerichts anzurufen, steht nach dem geltenden Gesetze dem Gemeinschuldner nicht zu. Diese Regelung führt in dem Falle, daß der Gemeinschuldner einen Zwangsvergleichsvorschlag einreicht, nicht selten zu Unzuträglichkeiten. Der Gemeinschuldner hat hier ein dringendes Interesse an der Fortführung und der Erhaltung des Geschäfts. Das gleiche Interesse haben die Konkursgläubiger, sofern Aussicht besteht, daß sich das Konkursverfahren durch Zwangsvergleich erledigen werde; denn die vorzeitige Schließung des Geschäfts zieht leicht eine erhebliche Entwerthung der Masse und damit ein ungünstiges Ergebniß des Vergleichs nach sich. Den bezeichneten Mißständen will der §. 118a durch eine ähnliche Vorschrift begegnen, wie sie der §. 123 Abs. 2 für die Fälle der §§. 121, 122 enthält. Er gewährt dem Gerichte die Befugniß, die Schließung des Geschäfts auf Antrag des Gemeinschuldners, falls dieser einen Zwangsvergleichsvorschlag eingereicht hat, vorläufig zu untersagen. Das Gericht wird von der Befugniß insbesondere dann Gebrauch machen, wenn Aussicht auf Annahme des Vorschlags besteht. Ueber die endgültige Schließung des Geschäfts hat wie bisher gemäß §. 120 die erste Gläubigerversammlung Beschluß zu fassen. Damit der Gemeinschuldner in die Lage kommt, den Antrag rechtzeitig zu stellen, hat ihm der Verwalter, wie der Entwurf ausdrücklich bestimmt, vor der Beschlußfassung des Gläubigerausschusses oder, wenn ein solcher nicht bestellt ist, vor der Schließung des Geschäfts von der beabsichtigten Maßregel Mittheilung zu machen; jedoch darf die Mittheilung unterbleiben, wenn der Gemeinschuldner nicht ohne Aufschub zu erlangen ist (zu vergl. §. 123 Abs. 1), da sie unter solchen Umständen leicht zu einer Verzögerung des Verfahrens führt.

§. 122.

Der §. 122 Nr. 1 der Konkursordnung macht es dem Konkursverwalter zur Pflicht, die Genehmigung des Gläubigerausschusses oder der Gläubigerversammlung einzuholen, wenn ein unbeweglicher Gegenstand aus freier Hand oder das Geschäft des Gemeinschuldners im Ganzen oder das Recht auf den Bezug wiederkehrender Einkünfte veräußert werden soll. Der Entwurf legt dem Konkursverwalter die gleiche Verpflichtung auch für den Fall auf, daß er das Waarenlager des Gemeinschuldners im Ganzen veräußern will. Der Zusatz entspricht einem schon von der Reichstagskommission (Drucksachen des Reichstags 1893/94 S. 1355) gemachten Vorschlag und dient zum Schutze der Gläubiger, deren Interessen durch eine derartige, an sich außerhalb des Rahmens der gewöhnlichen Verwaltung liegende Maßregel leicht gefährdet werden. Hat der Gemeinschuldner neben dem Hauptgeschäft ein Zweiggeschäft, so ist die Genehmigung des Gläubigerausschusses oder der Gläubigerversammlung auch dann erforderlich, wenn es sich nur um die Veräußerung des Zweiggeschäfts oder des Waarenlagers des Zweiggeschäfts handelt.

Die Streichung im Eingange der Nr. 2 des §. 122 ist eine Folge des neuen §. 7a, wonach die Ausschlagung von Erbschaften oder Vermächtnissen, die dem Gemeinschuldner vor der Konkurseröffnung angefallen sind, nur dem Gemeinschuldner selbst zusteht.

§. 126.

Nach §. 126 Satz 1 hat die Frist zur Anmeldung der Konkursforderungen mindestens drei Wochen zu betragen. Durch diese Vorschrift wird es dem Gericht erschwert, gemäß §. 102 Abs. 2 den Termin zur Beschlußfassung über die Wahl eines Verwalters sowie über die Bestellung eines Gläubigerausschusses und den allgemeinen Prüfungstermin zu verbinden. Einerseits darf im Falle einer solchen Verbindung der Termin zufolge §. 102 Abs. 1 nicht über einen Monat seit der Eröffnung des Konkursverfahrens hinausgesetzt werden, andererseits soll nach §. 126 Satz 2 zwischen dem Termin uud dem Ablaufe der Anmeldefrist ein Zeitraum von mindestens einer Woche offen bleiben. Die Einhaltung der hiermit gegebenen Fristen ist aber, da die Bekanntmachung des Termins erst mit dem Ablaufe des zweiten Tages nach der Ausgabe des die Bekanntmachung enthaltenden Blattes als bewirkt gilt (§. 68 Abs. 1), nur in seltenen Fällen möglich. Mit Rücksicht hierauf setzt der Entwurf den Mindestbetrag der Frist zur Anmeldung der Konkursforderungen auf zwei Wochen herab. Dadurch wird es dem Konkursgericht ermöglicht, von der Vorschrift des §. 102 Abs. 2 den der Sachlage entsprechenden Gebrauch zu machen.

§§. 142, 144, 158.

Nach dem bisherigen §. 142 Abs. 2 werden Forderungen unter aufschiebender Bedingung bei der Schlußvertheilung nur berücksichtigt, sofern dem Verwalter bis zum Ablaufe der Ausschlußfrist der Eintritt der Bedingung nachgewiesen wird oder soweit der Gemeinschuldner nach dem bürgerlichen Rechte zu einer Sicherheitsleistung verpflichtet war. Da bezüglich der Verbindlichkeit zur Sicherheitsleistung die geltenden Gesetze von einander abweichen, so wirkt diese Vorschrift gegenwärtig für die einzelnen Rechtsgebiete verschieden. So besteht in den Gebieten des gemeinen Rechtes bei bedingten Vermächtnissen schlechthin die gesetzliche Verpflichtung des Erben zur Sicherheitsleistung, während das preußische Allgemeine Landrecht eine solche nur unter besonderen Voraussetzungen (im Falle wahrscheinlicher Besorgniß eines Mißbrauchs oder einer Vernachlässigung) anerkennt. Nach dem Bürgerlichen Gesetzbuche gewährt eine aufschiebend bedingte Forderung, ohne Unterschied, ob ihr eine Verfügung unter Lebenden oder von Todeswegen zu Grunde liegt, als solche dem Gläubiger keinen Anspruch auf Sicherheitsleistung, und es würden danach künftig, wenn es bei der Vorschrift des §. 142 Abs. 2 verbliebe, Forderungen unter aufschiebender Bedingung bei der Schlußvertheilung in der Regel nicht zu berücksichtigen sein. Dieses Ergebniß hat den praktischen Vortheil für sich, daß es die Zahl der Fälle vermindert, in denen für bedingte Forderungen Beträge zurückbehalten werden müssen, die vielleicht nach langen Jahren und unter unverhältnißmäßigen Schwierigkeiten eine Nachtragsvertheilung

(§. 153 der Konkursordnung) nothwendig machen. Auf der anderen Seite kann es aber zu großen Härten führen, wenn bedingte Forderungen, obwohl der künftige Eintritt der Bedingung wahrscheinlich ist, bei der Schlußvertheilung überhaupt nicht berücksichtigt werden. Solche Härten werden beispielsweise dann sich geltend machen, wenn durch letztwillige Verfügung oder durch einen Gutsübergabevertrag den Geschwistern des Erben oder des Gutsannehmers unter der Bedingung der Verheirathung oder der Erreichung der Volljährigkeit Zuwendungen gemacht sind und für einzelne Betheiligte die Bedingung bereits eingetreten ist, während sie für andere noch schwebt. Die große Mehrzahl der ausländischen Konkursgesetzgebungen ist hierdurch veranlaßt worden, entweder eine Abschätzung der bedingten Forderung oder die Hinterlegung des Betrags vorzuschreiben, der auf die unbedingte Forderung bei der Schlußvertheilung entfallen würde. Auch der Entwurf hält die Gründe der Billigkeit für überwiegend und bestimmt demgemäß, daß für Forderungen unter aufschiebender Bedingung auch bei der Schlußvertheilung die Beträge, welche auf die unbedingte Forderung fallen würden, zu hinterlegen sind (zu vergl. §. 120 des Gesetzes über die Zwangsversteigerung und die Zwangsverwaltung vom 24. März 1897). Nur dann soll die Berücksichtigung bei der Schlußvertheilung ausgeschlossen sein, wenn die Möglichkeit des Eintritts der Bedingung eine so entfernte ist, daß die bedingte Forderung einen gegenwärtigen Vermögenswerth nicht hat. Durch diese Einschränkung wird die praktische Handhabung der Vorschrift so weit erleichtert, als es ohne Gefährdung der Lage des Gläubigers thunlich ist.

Die Aenderungen der §§. 144, 158 ergeben sich von selbst aus der neuen Fassung des §. 142.

§. 152a.

Zufolge §. 152 Abs. 2 der Konkursordnung können nach Aufhebung des Konkursverfahrens diejenigen Konkursgläubiger, deren Forderungen festgestellt und nicht von dem Gemeinschuldner im Prüfungstermin ausdrücklich bestritten worden sind, in Ansehung ihres Ausfalls gegen den Schuldner aus der Eintragung in die Tabelle der Zwangsvollstreckung betreiben. Nach §. 179 findet ferner für die bezeichneten Gläubiger aus dem rechtskräftig bestätigten Zwangsvergleiche die Zwangsvollstreckung statt. Die Anwendung dieser Vorschriften kann gegenüber dem Gemeinschuldner, der eine Forderung zu bestreiten beabsichtigte, aber ohne sein Verschulden verhindert war, in dem Prüfungstermine zu erscheinen, mit großen Härten verbunden sein. Mit Rücksicht hierauf giebt der §. 152a des Entwurfs einem solchen Schuldner das Recht, die Folgen einer unverschuldeten Versäumniß dadurch von sich abzuwenden, daß er sich die Wiedereinsetzung in den vorigen Stand ertheilen läßt.

§. 166.

Zu §. 166 hatte die Reichstagskommission (Reichstagsdrucksachen 1893/94 S. 1357) eine Reihe von Ergänzungen beantragt, welche sämmtlich den Zweck verfolgen, den einzelnen Gläubigern für die im Vergleichstermine zu treffende Entschließung geeignete Aufklärungen zu verschaffen. Der Entwurf hat sich die Ergänzungen insoweit angeeignet, als nicht Rücksichten auf die damit verbundene Erhöhung der Kosten entgegenstanden.

§. 178.

Durch die Aenderung im zweiten Satze wird klargestellt, daß, wie die Rechte des Gläubigers gegen einen Mitschuldner oder Bürgen des Gemeinschuldners, so auch die Rechte aus einem für die Forderung bestehenden Pfandrecht, aus einer für sie bestehenden Hypothek oder Grundschuld oder aus einer zu ihrer Sicherung im Grundbuch oder im Schiffsregister eingetragenen Vormerkung durch einen Zwangsvergleich nicht berührt werden. Allerdings hat das Reichsgericht schon vom Standpunkte des geltenden Rechtes anerkannt, daß der Zwangsvergleich Pfandrechte und Hypotheken der Konkursgläubiger unberührt läßt. Indessen tritt hier künftig insofern eine Aenderung ein, als das Bürgerliche Gesetzbuch (§§. 1137, 1211) ausdrücklich bestimmt, daß der Eigenthümer gegen den Anspruch aus der Hypothek oder aus dem Pfandrecht auch die dem persönlichen Schuldner gegen die Forderung zustehenden Einwendungen geltend machen kann. Unter solchen Umständen könnte ein Schweigen der Konkursordnung leicht dahin gedeutet werden, daß dem Eigenthümer gegen den Pfand- oder Hypothekengläubiger die Einrede aus dem Zwangsvergleiche zustehe. Ebenso könnte mit Rücksicht auf die Natur der Vormerkung in Ermangelung einer entgegenstehenden Bestimmung die Annahme Platz greifen, daß das Recht des Konkursgläubigers aus einer Vormerkung von dem Zwangsvergleiche betroffen werde.

Die Fassung der neuen Vorschrift deckt übrigens zugleich den Fall, daß eines der bezeichneten Rechte an einem zur Konkursmasse gehörigen Gegenstande besteht. In seiner Eigenschaft als Absonderungsberechtigter gehört hier der Gläubiger nicht zu den Konkursgläubigern und er wird daher insoweit auch nicht von dem Vergleiche betroffen. Der Frage, wiefern die Theilnahme des Gläubigers an der Schließung des Zwangsvergleichs als Verzicht auf das dingliche Recht anzusehen sei, wird durch die Bestimmung nicht vorgegriffen.

Der

§. 180

ist aufgehoben, da er sich lediglich auf das geltende Landesrecht bezieht, das nur für die Uebergangszeit noch in Betracht kommt. In dieser Hinsicht genügt der allgemeine Vorbehalt im Artikel 6 des Entwurfs eines Einführungsgesetzes.

Nach

§. 184.

der Konkursordnung wird das in Folge eines Zwangsvergleichs aufgehobene Konkursverfahren im Falle der rechtskräftigen Verurtheilung des Gemeinschuldners wegen betrüglichen Bankerutts auf Antrag eines Konkursgläubigers, wenn genügende Masse vorhanden ist, wieder aufgenommen. Im Anschluß an die neue Vorschrift im §. 99 Abs. 1 Satz 2 ergänzt der Entwurf jene Bestimmung dahin, daß die Wiederaufnahme des Verfahrens auch dann erfolgt, wenn ein zur Deckung der im §. 51 Nr. 1, 2 bezeichneten Massekosten ausreichender Geldbetrag vorgeschossen wird.

Der

§. 190

hat gleichfalls einen dem neuen Abs. 1 Satz 2 des §. 99 entsprechenden Zusatz erhalten.

Damit die Gläubiger Gelegenheit finden, durch den Nachweis von Massegegenständen oder durch Vorschußleistung die Einstellung des Verfahrens abzuwenden, bestimmt ferner der neue Abs. 2, daß vor der Einstellung die Gläubigerversammlung gehört werden soll.

§§. 198, 199.

Durch die hier vorgesehenen Aenderungen werden die Vorschriften der Konkursordnung, soweit sie die Kommanditgesellschaft auf Aktien betreffen, mit den Vorschriften des Handelsgesetzbuchs (§. 325 Nr. 8 in Verbindung mit §. 240 Abs. 2) in

Einklang gebracht. Diese Vorschriften setzen voraus, daß bei der Kommanditgesellschaft auf Aktien ebenso wie bei der Aktiengesellschaft (§. 193 Abs. 1 der Konkursordnung) das Konkursverfahren über das Gesellschaftsvermögen auch im Falle der Ueberschuldung stattfindet.

Im

§. 200

hat die Fassung des Abs. 2 mit Rücksicht auf die Sprachweise des Bürgerlichen Gesetzbuchs und des neuen Handelsgesetzbuchs eine Aenderung erfahren.

§. 201.

Der Art. 122 des bisherigen Handelsgesetzbuchs bestimmt, daß im Falle des Konkurses über das Vermögen einer offenen Handelsgesellschaft die Gesellschaftsgläubiger aus dem Privatvermögen der Gesellschafter nur wegen des Ausfalls, den ihre Forderungen im Gesellschaftskonkurs erleiden, Befriedigung suchen können. Diese Bestimmung ist in das neue Handelsgesetzbuch nicht übernommen. Das letztere geht vielmehr davon aus, daß die Gesellschaftsgläubiger auch während der Dauer des Gesellschaftskonkurses berechtigt sind, ihre Forderungen gegen jeden persönlich haftenden Gesellschafter zum vollen Betrage geltend zu machen. Nur für den Fall, daß zugleich über das Privatvermögen eines persönlich haftenden Gesellschafters das Konkursverfahren eröffnet worden ist, soll es in der Sache bei dem Grundsatze des Art. 122 verbleiben (Denkschrift zu dem Entwurf eines Handelsgesetzbuchs (Reichstagsdrucksachen 1895/97 S. 318b). Der Entwurf bringt daher den Grundsatz in dieser Beschränkung zum Ausdrucke.

§. 201 a.

Die besonderen Bestimmungen, welche nach den §§. 193, 194 für das Konkursverfahren über das Vermögen einer Aktiengesellschaft gelten, passen auch für das Konkursverfahren über das Vermögen einer juristischen Person; der Entwurf läßt sie deshalb hier entsprechende Anwendung finden. Mit Rücksicht auf die §§. 49a, 670a des Entwurfs, betreffend Aenderungen der Civilprozeßordnung, werden aber im §. 201a weiterhin auch solche Vereine die nicht rechtsfähig sind, in Ansehung des Konkursverfahrens über das Vereinsvermögen den juristischen Personen gleichgestellt.

§. 204.

Wenn der §. 204 Abs. 1 des Entwurfs die Eröffnung des Nachlaßkonkurses schon vor der Annahme der Erbschaft für zulässig erklärt, so liegt hierin gegenüber dem geltenden Gesetze nur eine durch das Bürgerliche Gesetzbuch (zu vergl. §§. 1943, 1958 ff.) veranlaßte Fassungsänderung. Die weitere Bestimmung, wonach die Eröffnung des Verfahrens nicht dadurch gehindert wird, daß der Erbe für die Nachlaßverbindlichkeiten unbeschränkt haftet, sichert den Nachlaßgläubigern die im geltenden Rechte auf anderem Wege gewährte Möglichkeit, im Verhältnisse zu den Gläubigern des Erben unter allen Umständen abgesonderte Befriedigung aus dem Nachlasse zu suchen. Uebrigens würde es schon die gesammte Gestaltung des Konkursverfahrens nicht gestatten, die vielfach schwierige Frage, ob dem Erben nach Maßgabe der Vorschriften des Bürgerlichen Gesetzbuchs (§§. 1993 ff.) das Recht auf beschränkte Haftung noch zusteht, hier zum Austrage zu bringen.

Zufolge §. 204 Abs. 2 soll bei dem Vorhandensein mehrerer Erben die Eröffnung des Konkursverfahrens über den Nachlaß auch nach der Theilung zulässig sein. Bei der Regelung, welche die Erbengemeinschaft im Bürgerlichen Gesetzbuche (§§. 2032 ff., 2058 ff.) gefunden hat, verlangte es das Interesse der Nachlaßgläubiger, daß zu ihren Gunsten der Nachlaß auch dann noch als eine einheitliche Masse behandelt wird, wenn vor der Berichtigung der Nachlaßverbindlichkeiten die Theilung bewirkt ist.

§. 205.

Nach dem bisherigen §. 205 Abs. 1 ist zu dem Antrag auf Eröffnung des Verfahrens jeder Erbe oder Vertreter des Nachlasses und jeder Nachlaßgläubiger berechtigt. Der Entwurf führt hier an Stelle der Nachlaßvertreter die Personen auf, welche als solche nach dem Bürgerlichen Gesetzbuche (§§. 1985 bis 1987, §. 1960 Abs. 2, §. 1961) in Betracht kommen, nämlich den Nachlaßverwalter, einen anderen Nachlaßpfleger und einen Testamentsvollstrecker, dem die Verwaltung des Nachlasses zusteht. Daß auch dem letzteren das Antragsrecht gewährt wird, entspricht der Stellung, welche er auf Grund des Bürgerlichen Gesetzbuchs (§§. 2204 ff.) einnimmt.

Soweit der Antrag auf Eröffnung des Verfahrens nicht von allen Erben gestellt wird, ist er nach §. 205 Abs. 2 des geltenden Gesetzes gleichwohl zuzulassen, wenn die Ueberschuldung glaubhaft gemacht wird; das Gericht hat aber die übrigen Erben nach Maßgabe des §. 97 Abs. 2, 3 zu hören. Die letztere Bestimmung hat in der Praxis, namentlich bei dem Vorhandensein einer größeren Anzahl von Erben, nicht selten zu Verzögerungen und Schwierigkeiten geführt und der Entwurf sieht deshalb vor, daß die übrigen Erben nur soweit thunlich gehört werden sollen. Die Vorschrift des §. 205 Abs. 2 greift gegenwärtig auch dann Platz, wenn mehrere Nachlaßvertreter vorhanden sind und der Antrag nur von einem Theile derselben gestellt wird. Der Entwurf hat hierauf keine Rücksicht genommen, da nach dem Bürgerlichen Gesetzbuche (§. 1915 in Verbindung mit §. 1797, §. 2224) mehrere Nachlaßpfleger oder mehrere Testamentsvollstrecker in der Regel nur gemeinschaftlich handeln, also auch den Antrag auf Eröffnung des Nachlaßkonkurses nur gemeinschaftlich stellen können.

Der neue Abs. 3 des §. 205 trifft eine besondere Vorschrift für den Fall, daß neben dem Erben ein antragsberechtigter Testamentsvollstrecker steht. Durch die Vorschrift wird jeder dieser Betheiligten, ihrem gegenseitigen Verhältniß entsprechend, in die Lage versetzt, zu dem Antrage des anderen Stellung zu nehmen.

§. 205 a.

Nach dieser Vorschrift soll, wenn eine Ehefrau die Erbin ist und der Nachlaß zum eingebrachten Gute (§§. 1363, 1369, 1521 des Bürgerlichen Gesetzbuchs) oder zum Gesammtgute (§§. 1438, 1440, 1549) gehört, sowohl die Ehefrau als der Ehemann ein selbständiges Antragsrecht haben. Das Recht der Ehefrau entspricht der Befugniß, welche ihr durch §. 1406 Nr. 1 und §. 1453 des Bürgerlichen Gesetzbuchs hinsichtlich der Annahme und Ausschlagung einer Erbschaft eingeräumt ist. Dem Ehemann aber kann das Recht im Hinblick auf die Verpflichtungen nicht versagt werden, die bei dem gesetzlichen Güterstand und der Gütergemeinschaft sich für ihn aus den Verbindlichkeiten der Frau ergeben. In den Fällen der Gütergemeinschaft muß ihm, wenn der Nachlaß zum Gesammtgute gehört, das Recht auch noch nach der Beendigung der Gemeinschaft zu Gebote stehen, da hier seine Haftung für die Verbindlichkeiten der Frau fortdauert (§§. 1459, 1530, 1549 des Bürgerlichen Gesetzbuchs).

§. 205 b.

Nach den §§. 1973, 1974 des Bürgerlichen Gesetzbuchs haftet der Erbe einem Nachlaßgläubiger, der im Aufgebotsverfahren ausgeschlossen ist oder der einem ausgeschlossenen Gläubiger gleichsteht, nur insoweit, als nach der Befriedigung der nicht ausgeschlossenen Gläubiger ein Ueberschuß des Nachlasses verbleibt. Diesen Ueberschuß hat er zum Zwecke der Befriedigung des Gläubigers im Wege der Zwangsvollstreckung nach den Vorschriften über die ungerechtfertigte Bereicherung (§§. 812 bis 822 des Bürgerlichen Gesetzbuchs) herauszugeben; die Herausgabe der noch vorhandenen Nachlaßgegenstände kann er jedoch durch Zahlung des Werthes abwenden. Mit den fraglichen Bestimmungen wäre es nicht wohl vereinbar, wenn der ausgeschlossene Gläubiger oder ein ihm gleichstehender Gläubiger schon wegen Ueberschuldung des Nachlasses die Eröffnung des Nachlaßkonkurses beantragen könnte. Andererseits darf aber den bezeichneten Gläubigern, falls die Befriedigung der ihnen nach dem Bürgerlichen Gesetzbuche zustehenden Ansprüche durch die Vermögenslage des Erben gefährdet erscheint, nicht das Recht entzogen werden, sich gegenüber den persönlichen Gläubigern des Erben die abgesonderte Befriedigung aus dem Nachlasse dadurch zu sichern, daß sie die Eröffnung des Nachlaßkonkurses herbeiführen. Abweichend von dem Grundsatze des §. 205, wonach jeder Nachlaßgläubiger die Eröffnung des Nachlaßkonkurses beantragen kann, bestimmt daher der Entwurf im §. 205b Abs. 1 Satz 1, daß die ausgeschlossenen und die ihnen nach §. 1974 des Bürgerlichen Gesetzbuchs gleichstehenden Gläubiger zur Stellung des Antrags nur dann berechtigt sind, wenn über das Vermögen des Erben der Konkurs eröffnet ist.

Dieselbe Beschränkung sieht der Entwurf bezüglich der Vermächtnißnehmer sowie in Ansehung derjenigen vor, welche die Vollziehung einer Auflage zu fordern berechtigt sind. Auch diesen Personen steht, da sie nach §. 1967 Abs. 2 des Bürgerlichen Gesetzbuchs zu den Nachlaßgläubigern gehören, an sich nach §. 205 Abs. 1 das Recht zu, im Falle der Ueberschuldung des Nachlasses die Eröffnung des Konkurses zu beantragen. Die Geltendmachung dieses Rechts wird aber, insbesondere wenn sich eine Ueberschuldung erst durch die Einbeziehung der betreffenden Nachlaßverbindlichkeiten ergiebt, dem muthmaßlichen Willen des Erblassers widersprechen. In der Regel haben auch die genannten Betheiligten kein begründetes Interesse daran, ihrerseits die Konkurseröffnung beantragen zu können, da der Erbe, falls er sich ihnen gegenüber auf seine beschränkte Haftung beruft, entweder selbst die Nachlaßverwaltung oder den Nachlaßkonkurs beantragen oder ihre Befriedigung, soweit der Nachlaß reicht, nach Maßgabe des §. 1992 des Bürgerlichen Gesetzbuchs herbeiführen muß. Anders verhält es sich, wenn der Erbe selbst in Konkurs gerathen ist. In diesem Falle bietet die Konkurseröffnung einen Ersatz für das nach dem gemeinen Rechte und verschiedenen Landesgesetzen den Vermächtnißnehmern zustehende Absonderungsrecht.

Ist eine Ehefrau Erbin und gehört der Nachlaß zum Gesammtgute, so muß mit Rücksicht auf die Vorschrift des §. 1a des Entwurfs das Antragsrecht der im §. 205b Abs. 1 bezeichneten Nachlaßgläubiger davon abhängig gemacht werden, daß über das Vermögen des Mannes das Konkursverfahren eröffnet ist. Der Abs. 2 des §. 205b enthält eine dahingehende Vorschrift.

§. 205c.

Gemäß §. 1981 Abs. 2 des Bürgerlichen Gesetzbuches können die Nachlaßgläubiger den Antrag auf Anordnung der Nachlaßverwaltung nicht mehr stellen, wenn seit der Annahme der Erbschaft zwei Jahre verstrichen sind. Die Gründe, welche zu dieser Beschränkung geführt haben (Denkschrift zum Entwurf eines Bürgerlichen Gesetzbuchs, Verhandlungen des Reichstags 1895/97 Anl. Bd. 1 S. 723), treffen in gleicher Weise auch das Recht der Nachlaßgläubiger auf Eröffnung des Nachlaßkonkurses.

§. 205d.

Hat ein Nachlaßgläubiger oder ein persönlicher Gläubiger des Erben, der nach dem Eintritte des Erbfalls im Wege der Zwangsvollstreckung oder der Arrestvollziehung ein Recht auf Befriedigung aus einem Nachlaßgegenstand erlangt, so ist er durch die allgemeinen Vorschriften an sich nicht gehindert, im Nachlaßkonkurs abgesonderte Befriedigung aus dem Gegenstande zu verlangen. Im Falle der Ueberschuldung des Nachlasses ist es aber eine Forderung der Billigkeit, daß nicht durch Maßregeln der bezeichneten Art die übrigen Gläubiger benachtheiligt werden. Der Entwurf beseitigt deshalb für den bezeichneten Fall das Recht auf abgesonderte Befriedigung im Nachlaßkonkurs und versagt aus den gleichen Gründen auch einer nach dem Eintritte des Erbfalls im Wege der einstweiligen Verfügung erlangten Vormerkung die Wirksamkeit.

§. 205e.

Pflichttheilsberechtigte, Vermächtnißnehmer, sowie diejenigen, welche berechtigt sind, die Vollziehung einer Auflage zu fordern, können Befriedigung aus dem Nachlasse nur insoweit verlangen, als nach der Berichtigung der übrigen Nachlaßgläubiger ein Ueberschuß verbleibt. Demgemäß stehen sie im Nachlaßkonkurs allen anderen Gläubigern im Range nach (§. 205i). Ebendeshalb erscheint es, wenn der Erbe vor der Eröffnung des Verfahrens aus dem Nachlasse Pflichttheilsansprüche, Vermächtnisse oder Auflagen erfüllt hat, mit Rücksicht auf die übrigen Gläubiger geboten, die Leistung in gleicher Weise der Anfechtung zu unterwerfen wie eine unentgeltliche Verfügung des Erben (zu vergl. §. 25 Nr. 1, §. 30 Abs. 2, §. 34). Der Entwurf hat eine entsprechende Bestimmung aufgenommen. Von praktischer Bedeutung ist dieses Anfechtungsrecht namentlich in dem Falle, daß die Nachlaßgläubiger nach §. 1979 des Bürgerlichen Gesetzbuchs die Berichtigung einer Nachlaßverbindlichkeit als für Rechnung des Nachlasses erfolgt gelten lassen müssen. Aber auch dann, wenn der Erbe wegen Berichtigung einer Verbindlichkeit den Nachlaßgläubigern verantwortlich ist, bleibt das Anfechtungsrecht nicht ohne Werth, da die Geltendmachung der aus der Verantwortlichkeit des Erben sich ergebenden Ansprüche leicht mit Weiterungen verbunden ist und bei Zahlungsunfähigkeit des Erben überhaupt nicht zum Ziele führt.

§. 205f.

Zufolge der Bestimmung des §. 1978 Abs. 1 des Bürgerlichen Gesetzbuchs ist der Erbe den Nachlaßgläubigern für die bisherige Verwaltung des Nachlasses und zwar, was die Zeit vor der Annahme der Erbschaft betrifft, nach Maßgabe der Vorschriften über die Geschäftsführung ohne Auftrag (§§. 677 ff. des Bürgerlichen Gesetzbuchs), von der Annahme ab jedoch nach Maßgabe der Vorschriften über den Auftrag (§§. 662 ff.) verantwortlich. Andererseits sind ihm gemäß §. 1978 Abs. 3 aus dem Nachlasse seine Aufwendungen zu ersetzen, soweit er nach jenen Vorschriften Ersatz verlangen könnte. Wegen solcher Aufwendungen steht ihm vermöge der Vorschrift des §. 273 des Bürgerlichen Gesetzbuchs im Allgemeinen auch das Recht zu, die Herausgabe des Nachlasses zu verweigern, bis ihm die Aufwendungen ersetzt sind. Durch die Ausübung des Zurückbehaltungsrechts gegenüber dem Konkursverwalter könnte jedoch die Verwerthung der Masse erheblich verzögert und der Verwalter unter Umständen genöthigt werden, zum Zwecke der Berichtigung der Ersatzforderungen des Erben Geld auf den Kredit der Masse aufzunehmen. Andererseits ist der Erbe dadurch, daß sein Ersatzanspruch zu den Masseschulden gehört (§. 205g Nr. 1 des Entwurfs) genügend gesichert. Demgemäß schließt der §. 205f das Zurückbehaltungsrecht des Erben für den Fall des Nachlaßkonkurses aus.

§. 205g.

Gegenüber dem §. 52 der Konkursordnung wird hier der Kreis der Masseschulden für den Nachlaßkonkurs erweitert.

Die Vorschriften der Nr. 1, 5, 6 betreffen Verbindlichkeiten, die dadurch begründet sind, daß vor der Eröffnung des Konkurses der Erbe, ein Nachlaßpfleger, ein Testamentsvollstrecker oder ein Erbe, der die Erbschaft ausgeschlagen hat (§. 1959 Abs. 1 des Bürgerlichen Gesetzbuchs), wenngleich nur mittelbar, die Geschäfte der Nachlaßgläubiger besorgt hat. Die Gesichtspunkte, auf denen die Vorschriften des §. 52 beruhen, treffen auch gegenüber jenen Verbindlichkeiten zu. Die Konkursmasse würde auf Kosten der betreffenden Personen ohne Rechtsgrund bereichert werden, wenn diese ihre Forderungen nur als Konkursforderungen geltend machen könnten.

Die Nr. 2 verleiht den Kosten der standesmäßigen Beerdigung, die schon im §. 1968 des Bürgerlichen Gesetzbuchs zu Nachlaßverbindlichkeiten erklärt sind, zugleich die Eigenschaft als Masseschulden. Diese Regelung ist durch das öffentliche Interesse geboten und entspricht auch der Volksanschauung.

In der Nr. 3 wird aus Rücksichten der Billigkeit vorgesehen, daß die im Falle der Todeserklärung des Erblassers dem Nachlasse zur Last fallenden Kosten des Verfahrens (zu vergl. §. 836m des Entwurfs, betreffend Aenderungen der Civilprozeßordnung) ebenfalls zu den Masseschulden gehören.

Die gleiche Behandlung soll nach der Nr. 4 den Kosten der Eröffnung einer Verfügung des Erblassers von Todeswegen, der gerichtlichen Sicherung des Nachlasses, einer Nachlaßpflegschaft, des Aufgebots der Nachlaßgläubiger und der Inventarerrichtung zu Theil werden, da die der Konkurseröffnung vorangehende Verwaltung des Nachlasses, aus der diese Kosten erwachsen, in ihrem Ergebniß auch den Nachlaßgläubigern zu Gute kommt.

§. 205h.

Ist der Nachlaßkonkurs eröffnet, so gelten nach § 1976 des Bürgerlichen Gesetzbuchs die in Folge des Erbfalls durch Vereinigung von Recht und Verbindlichkeit erloschenen Rechtsverhältnisse als nicht erloschen. Demgemäß kann der Erbe die ihm gegen den Erblasser zustehenden Ansprüche im Nachlaßkonkurse geltend machen und zwar ohne Unterschied, ob er den Nachlaßgläubigern beschränkt oder unbeschränkt haftet (zu vergl. §. 2013 des Bürgerlichen Gesetzbuchs). Um etwaigen Zweifeln vorzubeugen, ist diese Folgerung im Entwurfe (§. 205h Abs. 1) noch besonders zum Ausdrucke gebracht.

Gemäß §. 1979 müssen die Nachlaßgläubiger die vor der Konkurseröffnung durch den Erben bewirkte Berichtigung einer Nachlaßverbindlichkeit als für Rechnung des Nachlasses erfolgt gelten lassen, wenn der Erbe den Umständen nach hatte annehmen dürfen, daß der Nachlaß zur Berichtigung aller Nachlaßverbindlichkeiten ausreiche. Der Erbe hat dann dem Nachlasse gegenüber einen Ersatzanspruch (§. 1978 Abs. 3 des Bürgerlichen Gesetzbuchs) und kann diesen Anspruch als Masseforderung geltend machen (§. 205g Nr. 1 des Entwurfs). Trifft dagegen die Voraussetzung des §. 1979 des Bürgerlichen Gesetzbuchs nicht zu, so ist auch der Ersatzanspruch ausgeschlossen. In dem letzteren Falle soll jedoch nach §. 205h Abs. 2 des Entwurfs der Erbe, sofern er nicht für die Nachlaßverbindlichkeiten unbeschränkt haftet, an die Stelle des von ihm befriedigten Gläubigers treten. Dadurch wird verhütet, daß die dem befriedigten Gläubiger gleich- oder nachstehenden Gläubiger auf Kosten des Erben um den Betrag bereichert werden, der auf die Forderung jenes Gläubigers entfallen wäre, wenn er sich am Nachlaßkonkurse betheiligt hätte.

Auf der gleichen Erwägung beruht die Vorschrift des §. 205h Abs. 3, wonach der Erbe, wenn er einem einzelnen Gläubiger gegenüber unbeschränkt haftet und deshalb (§. 2013 des Bürgerlichen Gesetzbuchs) von diesem ungeachtet der Eröffnung des Konkursverfahrens in Anspruch genommen werden kann, berechtigt ist, dessen Forderung für den Fall geltend zu machen, daß der Gläubiger sie nicht geltend macht.

§. 205i.

Nach dem Bürgerlichen Gesetzbuch (§§. 1975 ff.) ist im Falle der Ueberschuldung des Nachlasses die Eröffnung des Nachlaßkonkurses für den Erben der regelmäßige Weg, sich den Nachlaßgläubigern gegenüber die beschränkte Haftung zu sichern. Um eine vollständige Vereinigung des Nachlasses zu ermöglichen, muß daher allen Nachlaßgläubigern die Theilnahme an dem Konkursverfahren gestattet werden. Im §. 205i Abs. 1 ist eine dahingehende

Bestimmung getroffen. Diese Bestimmung hat insbesondere auch zur Folge, daß, abweichend von §. 2 Abs. 2, die den Erben als solchen treffenden Unterhaltsansprüche im Nachlaßkonkurse nicht nur für die Vergangenheit, sondern unbeschränkt geltend gemacht werden können.

Die Erweiterung, welche im Nachlaßkonkurse der Kreis der Gläubiger erfährt, darf nicht dahin führen, daß durch die Befriedigung derjenigen Gläubiger, welche ohne die Bestimmung des §. 205i Abs. 1 nach §. 56 der Konkursordnung im Konkurse unberücksichtigt bleiben würden, die übrigen Konkursgläubiger eine Beeinträchtigung erleiden. Der Abs. 2 des §. 205i sieht deshalb vor, daß die bezeichneten Gläubiger, erst nach allen anderen befriedigt werden.

Was die fraglichen Forderungen im Einzelnen betrifft, so setzt schon das Bürgerliche Gesetzbuch (§. 1967 Abs. 2, §§. 1975, 1992) voraus, daß an dem Nachlaßkonkurse nicht blos die Pflichttheilsberechtigten (§. 205i Abs. 2 Nr. 4 des Entwurfs), sondern auch die Vermächtnißnehmer und diejenigen, welche die Vollziehung einer Auflage zu fordern berechtigt sind (§. 205i Abs. 2 Nr. 5 des Entwurfs), Theil nehmen, im Gegensatze zu §. 56 Nr. 4 der Konkursordnung, der für das gewöhnliche Verfahren die Forderungen aus einer Freigebigkeit des Gemeinschuldners von Todeswegen ausschließt. Vor den Verbindlichkeiten aus Pflichttheilsrechten, Vermächtnissen und Auflagen müssen aber unter allen Umständen die von dem Erblasser selbst herrührenden Schulden berichtigt werden. Der Entwurf führt daher an erster Stelle (§. 205i Abs. 2 Nr. 1 bis 3) die übrigen im §. 56 der Konkursordnung unter Nr. 1, 3, 4 genannten Forderungen auf, nämlich die seit der Eröffnung des Verfahrens laufenden Zinsen der im §. 54 der Konkursordnung bezeichneten Forderungen, die gegen den Erblasser erkannten Geldstrafen, sowie die Forderungen aus einer Freigebigkeit des Erblassers unter Lebenden.

Anlangend das Rangverhältniß der Verbindlichkeiten aus Pflichttheilsrechten, Vermächtnissen und Auflagen unter einander (§. 205i Abs. 2 Nr. 4, 5), so ist für den Vorrang der Verbindlichkeiten aus Pflichttheilsrechten schon die Bestimmung des §. 2318 des Bürgerlichen Gesetzbuchs maßgebend, nach welcher der Erbe die Vermächtnisse und Auflagen zum Zwecke der Deckung des Pflichttheils zu kürzen berechtigt ist. Nur dasjenige Vermächtniß, durch welches das Recht des Bedachten auf den Pflichttheil nach §. 2307 des Bürgerlichen Gesetzbuchs ausgeschlossen wird, muß insoweit, als es den Pflichttheil nicht übersteigt, im Range den Pflichttheilsrechten gleichstehen, weil es bis zu diesem Betrage den Pflichttheilsanspruch ersetzt (§. 205i Abs. 3 Satz 1). Die Verbindlichkeiten aus Vermächtnissen und Auflagen haben in der Regel unter einander gleichen Rang. Hat jedoch der Erblasser durch Verfügung von Todeswegen angeordnet, daß ein Vermächtniß oder eine Auflage vor einem anderen Vermächtniß oder einer anderen Auflage erfüllt werden soll (§. 2189 des Bürgerlichen Gesetzbuchs), so gebührt dem Vermächtniß oder der Auflage der Vorrang (§. 205i Abs. 3 Satz 2 des Entwurfs). Daß den vom Erblasser angeordneten Vermächtnissen und Auflagen die in §§. 1932, 1969 des Bürgerlichen Gesetzbuchs geregelten gesetzlichen Vermächtnisse gleichstehen, ergiebt sich unmittelbar aus dem Sinne der bezüglichen Vorschriften.

Der §. 205i Abs. 4 bestimmt den Rang, welchen die im Wege des Aufgebotsverfahrens ausgeschlossenen sowie die ihnen nach §. 1974 des Bürgerlichen Gesetzbuchs gleichstehenden Gläubiger einnehmen. Die betreffenden Gläubiger finden zwischen den im Abs. 2 Nr. 3 bezeichneten Forderungen und den Verbindlichkeiten aus Pflichttheilsrechten, Vermächtnissen und Auflagen Berücksichtigung, es sei denn, daß der Anspruch des in seinem Rechte beschränkten Gläubigers sich selbst auf ein Pflichttheilsrecht, ein Vermächtniß oder eine Auflage gründet. In dem letzteren Falle hat die Beschränkung zur Folge, daß der Gläubiger erst nach den Verbindlichkeiten befriedigt wird, mit denen er ohne die Beschränkung gleichen Rang haben würde. Diese Regelung ergiebt sich ohne Weiteres aus dem §. 1973 Abs. 1 und dem §. 1974 Abs. 2 des Bürgerlichen Gesetzbuchs. Sonstige Aenderungen in der Rangordnung werden durch die Beschränkung des Gläubigerrechts nicht herbeigeführt; die ausgeschlossenen und die ihnen gleichstehenden Gläubiger behalten daher im Verhältnisse zu einander den Rang, der ihnen nach §. 205i Abs. 2, 3 zukommt.

§. 205k.

Die Vorschrift, daß mit den im §. 205i Abs. 2 Nr. 2 bis 5 Abs. 4 bezeichneten Forderungen die bis zur Eröffnung des Verfahrens abgelaufenen und die seit der Eröffnung laufenden Zinsen an derselben Stelle angesetzt werden, entspricht dem §. 55 Nr. 3 der Konkursordnung in Verbindung mit §. 205i Abs. 2 Nr. 1 des Entwurfs.

§. 205 l.

Der Grundsatz, wonach Verbindlichkeiten aus Pflichttheilsrechten, Vermächtnissen und Auflagen im Nachlaßkonkurse geltend gemacht werden können, erfährt im §. 205 l Abs. 1 insofern eine Beschränkung, als dasjenige, was in Folge der Anfechtung einer von dem Erblasser oder ihm gegenüber vorgenommenen Rechtshandlung zur Konkursmasse zurückgewährt wird, nicht zur Berichtigung jener Verbindlichkeiten verwendet werden darf. Die Bestimmung rechtfertigt sich dadurch, daß die Anfechtbarkeit einer solchen Rechtshandlung nur dem Schutze derjenigen dienen soll, welche bereits Gläubiger des Erblassers waren.

Ist der Nachlaßkonkurs eröffnet, so ist der Erbe nach dem Bürgerlichen Gesetzbuche den Nachlaßgläubigern für die bisherige Verwaltung des Nachlasses so verantwortlich, wie wenn er von der Annahme der Erbschaft an die Verwaltung für sie als Beauftragter geführt hätte; er macht sich insbesondere schadensersatzpflichtig, wenn er nicht unverzüglich, nachdem er von der Ueberschuldung des Nachlasses Kenntniß erlangt hat, die Eröffnung des Nachlaßkonkurses beantragt (§§. 1978 bis 1980). Aus dem, was der Erbe auf Grund dieser Vorschriften zur Masse zu ersetzen hat, würden in Ermangelung einer besonderen Bestimmung zufolge §. 205 i des Entwurfs nach Berichtigung der im Range vorgehenden Verbindlichkeiten auch die Gläubiger, die im Wege des Aufgebotsverfahrens ausgeschlossen sind oder nach §. 1974 des Bürgerlichen Gesetzbuchs einem ausgeschlossenen Gläubiger gleichstehen, in vollem Umfange Befriedigung erlangen können. Der §. 1973 Abs. 2 Satz 1 des Bürgerlichen Gesetzbuchs legt aber dem Erben solchen Gläubigern gegenüber nur die Verpflichtung auf, dasjenige, was nach Befriedigung der nicht ausgeschlossenen Gläubiger von dem Nachlaß übrig bleibt, nach den Vorschriften über die Herausgabe einer ungerechtfertigten Bereicherung herauszugeben. Die Haftung, die hiernach den Erben trifft, kann durch die Eröffnung des Nachlaßkonkurses nicht gesteigert werden. Der Entwurf bestimmt deshalb im §. 205 l Abs. 2, daß die ausgeschlossenen und die ihnen gleichstehenden Gläubiger auf dasjenige, was der Erbe auf Grund der §§. 1978 bis 1980 des Bürgerlichen Gesetzbuchs zu der Masse zu ersetzen hat, nur insoweit Anspruch haben, als der Erbe auch nach den Vorschriften über die Herausgabe einer ungerechtfertigten Bereicherung ersatzpflichtig sein würde.

§. 205m.

Die Vorschrift will aus Rücksichten der Billigkeit den Nachlaßgläubigern, welche in dem Aufgebotsverfahren zum Zwecke der Ausschließung von Nachlaßgläubigern (§§. 1970 ff. des Bürgerlichen Gesetzbuchs, §§. 836ee ff. des Entwurfs eines Gesetzes, betreffend Aenderungen der Civilprozeßordnung) sich gemeldet haben, eine nochmalige Anmeldung ihrer Forderungen in dem späteren Nachlaßkonkurse (§§. 126 ff. der Konkursordnung) ersparen. Voraussetzung dieser Erleichterung ist übrigens, daß das Aufgebot von dem Gerichte, bei welchem der Konkurs anhängig wird, erlassen und das Verfahren nicht vor der Eröffnung des Konkurses ohne Erlassung des Ausschlußurtheils erledigt ist. War das Aufgebotsverfahren vor der Konkurseröffnung rückgängig gemacht, so sind damit auch die in dem Verfahren erfolgten Anmeldungen gegenstandslos geworden. Nachlaßgläubiger, die sich in dem Aufgebotsverfahren zwar gemeldet haben, aber ausgeschlossen worden sind, weil die Anmeldung ihrer Forderungen nicht den gesetzlichen Erfordernissen (§. 836mm Abs. 1 des Entwurfs eines Gesetzes, betreffend Aenderungen der Civilprozeßordnung) entsprach, sind so zu behandeln, als wenn sie sich im Aufgebotsverfahren nicht gemeldet hätten.

§. 206.

Die Vorschrift, wonach ein Zwangsvergleich nur auf den Vorschlag aller Erben geschlossen werden kann, entspricht dem geltenden Gesetze. Dasselbe sieht weiterhin vor, daß ein Vergleich nicht auf den Vorschlag eines von mehreren Nachlaßvertretern geschlossen werden kann. Der Entwurf hat diese Bestimmung beseitigt. Das Bürgerliche Gesetzbuch kennt eine Nachlaßvertretung in Ansehung einzelner Erbtheile nicht, sondern nur eine Vertretung in Bezug auf den ganzen Nachlaß. Sind aber mehrere Nachlaßpfleger bestellt, so entscheiden darüber, inwieweit sie gemeinschaftlich zu handeln haben, die allgemeinen Grundsätze des Bürgerlichen Gesetzbuchs (zu vergl. §. 1915 in Verbindung mit §. 1797).

Diejenigen Gläubiger, welchen die im §. 205i Abs. 2 Nr. 2 bis 5, Abs. 4 bezeichneten Forderungen zustehen, werden der für sie maßgebenden Rangordnung zufolge durch einen Zwangsvergleich nur dann berührt, wenn bei der Durchführung des Konkursverfahrens nach vollständiger Befriedigung der ihnen vorgehenden Gläubiger ein Ueberschuß verbleibt. Sie mit Rücksicht auf diesen seltenen Fall an dem Zwangsvergleiche Theil nehmen zu lassen, würde unbillig gegen den Erben wie gegen die vorgehenden Gläubiger sein. Der Entwurf versagt ihnen deshalb die Theilnahme am Zwangsvergleiche, schreibt aber vor, daß sie vor der Bestätigung zu hören sind. Außerdem wird jedem von ihnen, falls er glaubhaft macht, daß der Zwangsvergleich sein berechtigtes Interesse verletzt, das Recht eingeräumt, die Verwerfung des Vergleichs zu verlangen. Erfolgt seinem Antrag entgegen die Bestätigung, so steht ihm gegen die letztere die sofortige Beschwerde nach §. 174 zu. Durch diese Vorschriften wird das Interesse der betreffenden Gläubiger in ausreichendem Maße gewahrt.

§. 206 a.

Hat der Erblasser einen Nacherben eingesetzt, so hört nach §. 2139 des Bürgerlichen Gesetzbuchs mit dem Eintritte des Falles der Nacherbfolge der Vorerbe auf, Erbe zu sein. Der Entwurf stellt demgegenüber außer Zweifel, daß auch nach dem Eintritte der Nacherbfolge für den Vorerben die Vorschriften des §. 205 f, des §. 205 g Nr. 1 und des §. 205 h Abs. 2, 3 maßgebend bleiben. Er kann mithin wegen der ihm aus dem Nachlasse zu ersetzenden Aufwendungen ein Zurückbehaltungsrecht nicht geltend machen, andererseits wird aber sein Ersatzanspruch wegen dieser Aufwendungen als Masseforderung behandelt. Auch ist er nicht gehindert, die im §. 205 h Abs. 2, 3 bezeichneten Forderungen im Nachlaßkonkurse zu verfolgen. Die Geltendmachung der dem Vorerben gegen den Erblasser zustehenden Ansprüche (§. 205 h Abs. 1) ist schon deshalb zulässig, weil er mit dem Eintritte der Nacherbfolge nicht mehr Erbe ist.

§. 206 b.

Der Erbe, der die Erbschaft verkauft, bleibt Erbe. Der Käufer, in dessen Hand der Nachlaß gelangt, haftet aber für die Nachlaßverbindlichkeiten in gleicher Weise wie der Erbe (§§. 2382, 2383 des Bürgerlichen Gesetzbuchs). Zur Vereinfachung des Verhältnisses bestimmt daher der Entwurf (§. 206 b Abs. 1), daß der Käufer in Ansehung des Konkursverfahrens an die Stelle des Erben tritt. Gegenüber den Nachlaßgläubigern kann diese Regelung zu Bedenken nicht Anlaß geben, da sie dadurch in keiner Weise beeinträchtigt werden. Dagegen bedarf es zur Wahrung der Interessen des Erben noch besonderer Vorschriften.

Nach dem §. 2378 des Bürgerlichen Gesetzbuchs fallen die Nachlaßverbindlichkeiten im Verhältnisse zwischen dem Erben und dem Käufer regelmäßig dem letzteren zur Last. Bezüglich der Nachlaßverbindlichkeiten, für welche dies zutrifft, nimmt daher der Erbe dem Käufer gegenüber die Stellung eines Nachlaßgläubigers ein. Insoweit wird ihm deshalb von dem Entwurfe (§. 206b Abs. 2 Satz 1) das Recht, die Eröffnung des Verfahrens zu beantragen, ohne Rücksicht darauf eingeräumt, ob er seinerseits den Nachlaßgläubigern beschränkt oder unbeschränkt haftet; nur muß der Erbe, da er nicht als solcher, sondern lediglich vermöge seiner Gleichstellung mit den Nachlaßgläubigern zu dem Antrage berechtigt ist, gemäß §§. 97, 203 der Konkursordnung die Ueberschuldung des Nachlasses glaubhaft machen.

Aber auch wegen derjenigen Nachlaßverbindlichkeiten, welche nach den §§. 2376, 2383 des Bürgerlichen Gesetzbuchs im Verhältnisse zwischen dem Käufer und dem Erben von dem letzteren zu tragen sind, also wegen der Verbindlichkeiten aus Pflichttheilsrechten, Vermächtnissen und Auflagen, kann dem Erben im Allgemeinen das Recht nicht vorenthalten werden, in gleicher Weise wie ein Nachlaßgläubiger die Eröffnung des Verfahrens zu beantragen. Der Erbe muß hier nicht minder ein Mittel haben, die Beschränkung seiner Haftung den Nachlaßgläubigern gegenüber geltend zu machen. Kein Raum ist allerdings für das Antragsrecht, wenn der Erbe den Nachlaßgläubigern unbeschränkt haftet. Ebensowenig bedarf er dieses Rechtes, wenn eine Nachlaßverwaltung angeordnet ist, da in einem solchen Falle nach §. 1975 des Bürgerlichen Gesetzbuchs sich die Haftung des Erben ohnehin auf den Nachlaß beschränkt. Die aus dem Vorstehenden sich ergebende Bestimmung bildet den Inhalt des §. 206b Abs. 2 Satz 2.

Die Bestimmung im §. 206b Abs. 2 Satz 3, derzufolge die Vorschriften des §. 205f, des §. 205g Nr. 1 und des §. 205h für den Erben auch nach dem Verkaufe der Erbschaft gelten, entspricht dem §. 206a. Nur ist mit Rücksicht darauf, daß der Verkäufer Erbe bleibt, hier noch der §. 205h Abs. 1 ausdrücklich für anwendbar erklärt.

Der

§. 206c

erstreckt die Vorschriften des §. 206b auf die Fälle, in denen Jemand eine durch Vertrag erworbene Erbschaft verkauft oder sich zur Veräußerung einer ihm angefallenen oder anderweit von ihm erworbenen Erbschaft in sonstiger Weise verpflichtet hat.

Diese Erweiterung ergiebt sich aus der entsprechenden Vorschrift des §. 2385 des Bürgerlichen Gesetzbuchs.

§. 206d.

Ist neben dem Nachlaßkonkurse, sei es vorher oder nachher, auch das Konkursverfahren über das Vermögen des Erben eröffnet, so können die Nachlaßgläubiger, denen der Erbe unbeschränkt haftet, ihre Forderungen sowohl in dem Nachlaßkonkurs als in dem Konkurs über das Vermögen des Erben geltend machen. Andererseits sind die Gläubiger des Erben von der Theilnahme an dem Nachlaßkonkurs ausgeschlossen. Ebenso gestaltet sich die Lage, wenn mit dem Konkursverfahren über das Vermögen des Erben eine Nachlaßverwaltung zusammentrifft, da auch die letztere eine Ausscheidung des Nachlasses zum Zwecke der Befriedigung der Nachlaßgläubiger unter Ausschluß der Gläubiger des Erben mit sich bringt (§§. 1984 ff. des Bürgerlichen Gesetzbuchs). Das Verhältniß der Nachlaßgläubiger zu den anderen Gläubigern ist in den bezeichneten Fällen ähnlich wie das Verhältniß der absonderungsberechtigten Gläubiger zu den sonstigen Konkursgläubigern. Nach §. 57 der Konkursordnung kann ein Gläubiger, welcher abgesonderte Befriedigung beansprucht, die Forderung, falls der Gemeindeschuldner auch persönlich für sie haftet, zur Konkursmasse geltend machen, aus dieser aber nur für den Betrag verhältnißmäßige Befriedigung verlangen, zu welchem er auf abgesonderte Befriedigung verzichtet oder mit welchem er bei der letzteren ausgefallen ist. Die Gründe, auf welchen die Vorschrift des §. 57 beruht, treffen in gleicher Weise auch für die vorliegenden Fälle zu. Ohne eine Beschränkung, wie sie der §. 57 der Konkursordnung enthält, würden die Nachlaßgläubiger vor den Gläubigern des Erben in unbilliger Weise bevorzugt werden. Der Entwurf (§. 206d Abs. 1) schreibt deshalb vor, daß der §. 57 entsprechende Anwendung findet. Die gleiche Bestimmung giebt er weiterhin mit Bezug auf die Vorschriften der §§. 88, 141, 143, 144, des §. 155 Nr. 3 und des §. 156 der Konkursordnung. Daraus folgt insbesondere, daß die Forderungen der Nachlaßgläubiger bei der Schlußvertheilung im Konkurs über das Vermögen des Erben nur dann berücksichtigt werden, wenn sie dem Verwalter den Nachweis ihres Verzichts oder ihres Ausfalls nach Maßgabe des §. 57 führen.

Ist eine Ehefrau die Erbin und gehört der Nachlaß zum Gesammtgute, so haftet für die Nachlaßverbindlichkeiten, da sie

Gesammtgutsverbindlichkeiten sind, der Ehemann auch persönlich (§§. 1459, 1461 des Bürgerlichen Gesetzbuchs). Daher können, wenn über das Vermögen des Mannes das Konkursverfahren eröffnet wird, die Nachlaßgläubiger, denen der Mann unbeschränkt haftet, ihre Forderungen sowohl in diesem Konkurs als in dem auf den Nachlaß bezüglichen Verfahren (Nachlaßkonkurs oder Nachlaßverwaltung) geltend machen. Das Verhältniß ist hier dasselbe wie in dem Falle, daß über das Vermögen des Erben der Konkurs eröffnet ist. Demgemäß bestimmt der Abs. 2 des §. 206d, daß die für den genannten Fall im Abs. 1 getroffenen Vorschriften auch hier entsprechende Anwendung finden.

§. 206e.

Die von dem geltenden Rechte abweichende Vorschrift, wonach über einen Erbtheil ein Konkursverfahren nicht stattfindet, rechtfertigt sich dadurch, daß das Rechtsverhältniß der Miterben im Bürgerlichen Gesetzbuch als Gemeinschaft zur gesammten Hand gestaltet und daß demgemäß (§. 204 Abs. 2 des Entwurfs) die Eröffnung des Konkursverfahrens über den ganzen Nachlaß auch nach der Theilung zulässig ist.

§. 206f.

Wird bei der allgemeinen Gütergemeinschaft oder der Fahrnißgemeinschaft nach dem Tode des einen Ehegatten zwischen dem überlebenden Ehegatten und gemeinschaftlichen Abkömmlingen die Gütergemeinschaft fortgesetzt (§§. 1483ff., 1557 des Bürgerlichen Gesetzbuchs), so haftet für die Gesammtgutsverbindlichkeiten der bisherigen ehelichen Gütergemeinschaft nicht nur das Gesammtgut, sondern auch der überlebende Ehegatte persönlich. Soweit jedoch die persönliche Haftung den überlebenden Ehegatten nur in Folge des Eintritts der fortgesetzten Gütergemeinschaft, also nicht schon auf Grund anderer Bestimmungen (zu vergl. §. 1459 Abs. 2 des Bürgerlichen Gesetzbuchs) trifft, finden die für die Haftung des Erben für die Nachlaßverbindlichkeiten geltenden Vorschriften mit der Maßgabe entsprechende Anwendung, daß an die Stelle des Nachlasses das Gesammtgut in dem Bestande tritt, den es zur Zeit des Eintritts der fortgesetzten Gütergemeinschaft hat (§. 1489 des Bürgerlichen Gesetzbuchs). Daraus in Verbindung mit den §§. 1975 ff. des Bürgerlichen Gesetzbuchs ergiebt sich, daß wie über einen Nachlaß so auch über das Gesammtgut der bisherigen ehelichen Gütergemeinschaft ein selbständiges Konkursverfahren eröffnet werden kann. In Ergänzung dieser Vorschriften des Bürgerlichen Gesetzbuchs bestimmt der Entwurf (§. 206f Satz 1), daß die für den Nachlaßkonkurs geltenden Vorschriften der §§. 202 bis 206d im Falle der fortgesetzten Gütergemeinschaft auf das Konkursverfahren über das Gesammtgut entsprechende Anwendung finden. Wie im Nachlaßkonkurse nur die Nachlaßgläubiger, nicht die persönlichen Gläubiger des Erben, so sollen (§. 206f Satz 2) an dem Konkursverfahren über das Gesammtgut nur solche Gesammtgutsgläubiger Theil nehmen, deren Forderungen schon zur Zeit des Eintritts der fortgesetzten Gütergemeinschaft bestanden. Jeder dieser Gesammtgutsgläubiger ist mit Rücksicht auf die Vorschrift des §. 205 Abs. 1 der Konkursordnung an sich auch berechtigt, die Eröffnung des Verfahrens zu beantragen. In der That hat das Antragsrecht für diejenigen Gesammtgutsgläubiger, welchen gegenüber der überlebende Ehegatte zur Zeit des Eintritts der fortgesetzten Gütergemeinschaft nicht persönlich haftete, praktische Bedeutung. Sie können, wenn der überlebende Ehegatte die Konkurseröffnung beantragt, Befriedigung überhaupt nur aus dem Gesammtgute finden und haben daher ein Interesse daran, daß dieser Erfolg nicht erst zu einem Zeitpunkte herbeigeführt wird, in welchem der Stand des Gesammtguts ihnen keinerlei Aussicht mehr eröffnet. Anders liegen die Verhältnisse für diejenigen Gesammtgutsgläubiger, denen der überlebende Ehegatte von vornherein persönlich haftet. Ihre Rechtslage bleibt bei dem Eintritte der fortgesetzten Gütergemeinschaft völlig unverändert und mit Rücksicht hierauf bestimmt der Entwurf (§. 206f Satz 3), daß sie zu dem Antrag auf Eröffnung des Verfahrens nicht berechtigt sind. Auch eine Antragsbefugniß der antheilsberechtigten Abkömmlinge läßt den Entwurf (§. 206f Satz 4) nicht zu. Es entspricht dies der Stellung, welche die Abkömmlinge nach dem Bürgerlichen Gesetzbuch einnehmen, insbesondere dem Ausschlusse jeder persönlichen Haftung für die Gesammtgutsverbindlichkeiten (§§. 1487, 1489). Uebrigens wird ihnen Gelegenheit zur Wahrnehmung ihrer Interessen durch die Vorschrift gegeben, daß das Gericht sie, soweit thunlich, zu hören hat.

§. 210.

Der Thatbestand des einfachen Bankerutts erfährt durch den Entwurf im Anschluß an die Vorschläge der Reichstagskommission (Reichstagsdrucksachen 1893/94 S. 1363 ff.) nach zwei Richtungen eine Erweiterung. Zunächst wird in der Nr. 1 des §. 210, einem praktischen Bedürfniß entsprechend, die Wette, wie dies auch sonst geschehen ist (zu vergl. beispielsweise §. 762 des Bürgerlichen Gesetzbuchs), dem Spiele gleichgestellt. Die neue Strafvorschrift unter Nr. 2 richtet sich gegen eine Handlungsweise, durch welche zahlungsunfähige Schuldner ihren Gläubigern nicht selten schweren Vermögensschaden zufügen, ohne daß es im einzelnen Falle möglich ist, die Vorschriften des Strafgesetzbuchs über den Betrug zur Anwendung zu bringen. Die nach dieser Vorschrift eine Voraussetzung der Strafbarkeit bildende Absicht, die Eröffnung des Konkursverfahrens hinauszuschieben, ist gegeben, sobald der Wille des Schuldners sich dahin richtet, der Konkurseröffnung für jetzt zu entgehen. Es kann deshalb dem Schuldner nicht zum Schutze gereichen, wenn er hierbei in der Hoffnung handelt, mit Hülfe der gewonnenen Frist vielleicht den Konkurs überhaupt abzuwenden. In einer Reihe neuerer ausländischer Gesetzgebungen finden sich ähnliche Strafbestimmungen (zu vergl. insbesondere das rumänische Konkursgesetz vom 20. Juni 1895 Art. 876 Nr. 3; das argentinische Handesgesetzbuch vom 5. Oktober 1889 §. 1546 Nr. 7; das brasilianische Fallimentsdekret vom 24. Oktober 1890 §. 79 Nr. 2; das nordamerikanische Gesetz vom 1. Januar 1892 Nr. 2).

Mit Rücksicht auf die bei der bisherigen Handhabung des Gesetzes gemachten Erfahrungen will weiterhin der Entwurf, auch hier einer Anregung der Reichstagskommission folgend, das Strafmaß für den einfachen Bankerutt erweitern (zu vergl. §. 16 des Strafgesetzbuchs). Die gleiche Rücksicht hat endlich zu der Vorschrift im Abs. 2 des §. 210 Anlaß gegeben, wonach neben der Gefängnißstrafe auf Verlust der bürgerlichen Ehrenrechte erkannt werden kann.

Artikel II.

Die Vorschrift des Art. II. Abs. 1, durch die der Reichskanzler zu einer Bekanntmachung des neuen Textes der Konkursordnung ermächtigt wird, schließt sich dem Art. 13 Abs. 1 des Einführungsgesetzes zum Handelsgesetzbuch an. Die im Art. II Abs. 1 besonders erwähnten Bestimmungen der §§. 195—197 sind bereits durch den §. 153 des Gesetzes, betreffend die privatrechtliche Stellung der Erwerbs- und Wirthschaftsgenossenschaften, vom 1. Mai 1889 aufgehoben.

Die Vorschrift des Art. II Abs. 2 entspricht dem Art. 13 Abs. 3 des Einführungsgesetzes zum Handelsgesetzbuche sowie dem Art. 4 des Einführungsgesetzes zum Bürgerlichen Gesetzbuche.

II. Entwurf eines Einführungsgesetzes.

Der

Artikel I.

bestimmt für das Gesetz, betreffend Aenderungen der Konkursordnung, den Zeitpunkt des Inkrafttretens, wie er sich aus Artikel 1 des Einführungsgesetzes zum Bürgerlichen Gesetzbuch ergiebt.

Der

Artikel II.

enthält die Aenderungen, welche das Einführungsgesetz zur Konkursordnung betreffen.

Die Nr. 2 des §. 5 des genannten Gesetzes bestimmt, daß die landesgesetzlichen Vorschriften unberührt bleiben, welche die Nichtbefolgung der Vorschriften über die Anzeige des zwischen dem Gemeinschuldner und seinem Ehegatten bestehenden Güterrechts unter Strafe stellen. Diese landesgesetzlichen Vorschriften werden durch die Regelung, welche das eheliche Güterrecht im Bürgerlichen Gesetzbuche gefunden hat, beseitigt. Dem Zwecke, den sie verfolgten, dienen künftig die Bestimmungen des Bürgerlichen Gesetzbuchs über die Eintragung des Güterstandes in das Güterrechtsregister (§§. 1431, 1435). Mit Rücksicht darauf hebt der Entwurf (Art. II Nr. 1) die bisherige Nr. 2 des §. 5 auf.

Die neue Fassung des §. 6 des Einführungsgesetzes zur Konkursordnung, wie sie der Art. II unter Nr. 2 vorsieht, berücksichtigt nur noch die registrirten Gesellschaften, welche auf Grund des bayerischen Gesetzes vom 29. April 1869, betreffend die privatrechtliche Stellung der Erwerbs- und Wirthschaftsgenossenschaften, bestehen. Der bisherige §. 6 brachte für die bezeichneten Gesellschaften durch Verweisung auf den §. 196 der Konkursordnung zum Ausdrucke, daß sie im Konkursverfahren durch den Vorstand oder die Liquidatoren vertreten werden und daß ein Zwangsvergleich nicht stattfindet. Da der §. 196 der Konkursordnung inzwischen durch den §. 153 des Gesetzes, betreffend die privatrechtliche Stellung der Erwerbs- und Wirthschaftsgenossenschaften, vom 1. Mai 1889 aufgehoben ist, hat der Entwurf die Vorschrift ihrem Inhalte nach in den §. 6 als Abs. 2 übernommen. Die Vereine, welche auf Grund des bayerischen Gesetzes vom 29. April 1869, betreffend die privatrechtlichen Vereine, bestehen, sind aus dem §. 6 ausgeschieden. Sie fallen, da sie juristische Personen sind, nunmehr unter den §. 201a des Entwurfs eines Gesetzes, betreffend Aenderungen der Konkursordnung, und demgemäß finden auch die §§. 193, 194 der Konkursordnung auf sie ohne Weiteres entsprechende Anwendung. Daß sie im Konkursverfahren durch den Vorstand oder die Liquidatoren vertreten werden, ergiebt sich bereits aus der allgemeinen Vorschrift im Art. 30 des bayerischen Gesetzes vom 29. April 1869. Die Ausschließung des Zwangsvergleichs aber eignet sich nicht für die fraglicheu Vereine, die keine wirthschaftlichen Zwecke verfolgen, und das Gleiche gilt von der Strafbestimmung des §. 214.

Der dem §. 7 des Einführungsgesetzes gegebene Zusatz (Art. II Nr. 3 des Entwurfs) entspricht dem Art. 57 Abs. 2 des Einführungsgesetzes zum Bürgerlichen Gesetzbuche.

Unter Nr. 4 hebt der Art. II die besonderen das Faustpfandrecht betreffenden Vorschriften der §§. 14 bis 16 des Einführungsgesetzes ausdrücklich auf. Die Vorschriften sind dadurch gegenstandslos geworden, daß das Bürgerliche Gesetzbuch das Pfandrecht an Sachen und Rechten erschöpfend geregelt hat. Ein in Gemäßheit jener Vorschriften vor dem Inkrafttreten des Bürgerlichen Gesetzbuchs begründetes Pfandrecht bleibt selbstverständlich in einem nach diesem Zeitpunkt eröffneten Konkursverfahren wirksam, auch wenn es den Anforderungen des Bürgerlichen Gesetzbuchs nicht genügt. Dies ergiebt sich schon aus der allgemeinen Vorschrift im Art. VI des Entwurfs in Verbindung mit dem Art. 184 des Einführungsgesetzes zum Bürgerlichen Gesetzbuche.

Der Art. III sichert den im §. 41 Abs. 1 Nr. 1 der Konkursordnung bezeichneten Rechten auch außerhalb des Konkursverfahrens den Vorrang, der ihnen durch die neue Vorschrift im §. 41 Abs. 2 des Entwurfs eines Gesetzes, betreffend die Abänderung der Konkursordnung, gewährt wird (zu vergl. das preußische Ausführungsgesetz zur Konkursordnung vom 6. März 1879 §. 7; das mecklenburg-schwerinsche Ausführungsgesetz vom 26. Mai 1879 §. 6).

Weiterhin trifft der Art. III Vorsorge, daß gegenüber dem Art. 55 des Einführungsgesetzes zum Bürgerlichen Gesetzbuche die Anwendung der auf Grund des §. 17 Nr. 1, 2 erlassenen landesgesetzlichen Bestimmungen bis zu der in Aussicht genommenen reichsgesetzlichen Regelung des Gegenstandes gleichfalls insoweit sichergestellt wird, als sie außerhalb des Konkursverfahrens erfolgen soll.

Artikel IV.

Die Bestimmung, daß die landesgesetzlichen Vorschriften unberührt bleiben, welche die Zulässigkeit des Konkursverfahrens über das Vermögen der im §. 15 Nr. 3 (bisher Nr. 4) des Einführungsgesetzes zur Civilprozeßordnung bezeichneten juristischen Personen beschränken oder ausschließen, rechtfertigt sich durch das Bedürfniß, die diesen juristischen Personen obliegende Verwaltung öffentlicher Angelegenheiten vor Störungen zu bewahren. Der gleiche Vorbehalt ist in der fraglichen Vorschrift des Einführungsgesetzes zur Civilprozeßordnung mit Rücksicht auf die Zwangsvollstreckung gemacht.

Artikel V.

Die Vorschrift, wonach ein vor dem Inkrafttreten des Gesetzes, betreffend Aenderungen der Konkursordnung, eröffnetes Konkursverfahren nach den bisherigen Gesetzen zu erledigen ist, schließt sich dem §. 8 Abs. 1 des Einführungsgesetzes zur Konkursordnung an.

Artikel VI.

Mit Rücksicht auf den inneren Zusammenhang, in welchem die Vorschriften des bürgerlichen Rechtes und des Konkursrechts stehen, bestimmt der Art. VI, daß in einem am Tage des Inkrafttretens des neuen Konkursrechts oder nach diesem Tage eröffneten Konkursverfahren, soweit für ein Rechtsverhältniß die Vorschriften des bisherigen bürgerlichen Rechtes maßgebend sind, für das Rechtsverhältniß auch die Vorschriften des bisherigen Konkursrechts maßgebend bleiben; entsprechend dem Art. 213 des Einführungsgesetzes zum Bürgerlichen Gesetzbuche, soll dies insbesondere auch in Ansehung eines Nachlasses gelten, wenn der Erblasser vor dem bezeichneten Zeitpunkte gestorben ist. Der Schlußsatz des Art. VI enthält einen Vorbehalt zu Gunsten der Landesgesetzgebung. Auf Grund des Art. 218 des Einführungsgesetzes zum Bürgerlichen Gesetzbuch ist die Landesgesetzgebung befugt, für Rechtsverhältnisse, auf die nach dem Einführungsgesetze die bisherigen Landesgesetze Anwendung finden, Uebergangsbestimmungen zu erlassen, die ihrem Inhalte nach mit den Vorschriften des Bürgerlichen Gesetzbuchs zusammentreffen. Eine solche Umbildung kann namentlich für das Gebiet des ehelichen Güterrechts in Frage kommen. Ist aber die Landesgesetzgebung befugt, auf diesem Wege die Rechtssätze des Bürgerlichen Gesetzbuchs auf die bestehenden Rechtsverhältnisse zu erstrecken, so darf ihr auch die Möglichkeit nicht versagt werden, die Anwendbarkeit der mit jenen Rechtssätzen zusammenhängenden neuen konkursrechtlichen Vorschriften in gleicher Weise auszudehnen. Der Entwurf ermächtigt deshalb die Landesgesetzgebung, auf ein Rechtsverhältniß, für welches nach den Uebergangsvorschriften des Einführungsgesetzes zum Bürgerlichen Gesetzbuche die Landesgesetze maßgebend sind, die Vorschriften des neuen Konkursrechts für anwendbar zu erklären.

Der

Artikel VII

faßt die Aenderungen zusammen, welche das Gesetz, betreffend die Anfechtung von Rechtshandlungen eines Schuldners außerhalb des Konkursverfahrens, vom 21. Juli 1879 erfahren soll.

Die Aenderungen, die der Entwurf für den §. 3 Nr. 2, 3, den §. 4, den Schlußsatz des §. 11 und den §. 13 vorsieht, sind dadurch veranlaßt, daß das Anfechtungsrecht nach den Vorschriften des Bürgerlichen Gesetzbuchs nicht als ein Anspruch anzusehen ist (zu vergl. oben S. 23).

In der Nr. 4 des §. 3 ist ebenso wie im §. 25 Nr. 2 der Konkursordnung die Vorschrift gestrichen, wonach die Sicherstellung oder Rückgewähr eines Heirathsguts oder des in die Verwaltung des Schuldners gekommenen Vermögens seiner Ehefrau angefochten werden kann.

Die als §. 3a in Aussicht genommene Vorschrift beruht auf den Erwägungen, welche dem §. 205e des Entwurfs eines Gesetzes, betreffend Aenderungen der Konkursordnung, zu Grunde liegen.

Die Bestimmungen des §. 11 Abs. 1—3 und des §. 12 entsprechen den Vorschlägen, welche der Entwurf eines Gesetzes, betreffend Aenderungen der Konkursordnung, zu §§. 33, 34 macht. Im § 12 ist jedoch, abweichend von dem §. 34 jenes Entwurfs, neben dem §. 203 Abs. 2 und dem §. 207 des Bürgerlichen Gesetzbuchs noch der §. 206 dieses Gesetzbuchs als anwendbar bezeichnet. Für die letzere Vorschrift, die sich auf die Vollendung der Verjährung gegenüber solchen Personen bezieht, welche geschäftsunfähig oder in der Geschäftsfähigkeit beschränkt sind und keinen gesetzlichen Vertreter haben, ist hier nicht minder Raum wie in dem Falle des §. 124 des Bürgerlichen Gesetzbuchs, während sie gegenüber dem §. 34 der Konkursordnung um deswillen außer Betracht bleiben muß, weil das Anfechtungsrecht im Konkurse nur von dem Konkursverwalter ausgeübt wird.

Nach

Artikel VIII

finden die Vorschriften des Art. VII auf die vor dem Inkrafttreten dieses Gesetzes vorgenommenen Rechtshandlungen keine Anwendung. Diese Vorschrift steht mit dem Art. 170 des Einführungsgesetzes zum Bürgerlichen Gesetzbuch im Einklange. Die gleiche Auffassung liegt bereits dem §. 14 Abs. 2, 3 des Anfechtungsgesetzes zu Grunde.

Anlage zu S. 3.

Zahl der in den Jahren 1891 bis 1896 eröffneten Konkursverfahren

nach der im Reichs-Justizamt bearbeiteten deutschen Justizstatistik.

Die Zahl der eröffneten Konkursverfahren betrug:

1891	7 267
1892	7 370
1893	6 487
1894	7 156
1895	6 565
1896	6 258.

Von den eröffneten Konkursverfahren kommen auf je 100 000 Einwohner:

1891	14,6
1892	14,7
1893	12,8
1894	13,9
1895	12,6
1896	11,9.

Danach war der Höhepunkt im Jahre 1892 erreicht und ist der Stand des Jahres 1896 der günstigste innerhalb dieses Zeitraums.

Druck von A. W. Hayn's Erben, Berlin und Potsdam.

FSC
www.fsc.org
MIX
Papier | Fördert
gute Waldnutzung
FSC® C083411

Kolibri 360 GmbH
Ferdinand-Jühlke-Straße 7
99095 Erfurt, Deutschland
produktsicherheit@kolibri360.de